Der Imperialismus der EU 3

Tibor Zenker

Der Imperialismus der EU 3

Weitere Texte zur EU-Kritik

Der Drehbuchverlag
Wien

Originalausgabe
Frühjahr 2014

Umschlag: Huy Do
Herstellung: Books on Demand GmbH, Norderstedt
Printed in Germany
ISBN 13: 978-3-990428-71-9
www.drehbuchverlag.com

Inhaltsverzeichnis

Die Europäische Union – Imperialismus in der Krise

Vortragsreihe in Sankt Gallen, Zürich, Kandersteg, Bern und Basel, 26. Oktober bis 1. November 2011

Wir befinden uns mitten in der Krise – und dies umfassend, auch wenn die Verantwortlichen und die Herrschenden dies immer nur in kleinen Scheibchen, peu à peu, zugeben wollen. Zuerst, viele haben das schon wieder vergessen, die US-Immobilienbranche, dann die Finanzmärkte und -institute, dann plötzlich ganze Staaten, Währungen, nicht zuletzt der Euro, dann die Europäische Union, ja ganz Europa und darüber hinaus. Das klingt alles weit reichend und verzweigt, aber das Gute an unserer „globalisierten" Welt ist, dass immer alles zusammenhängt. Es handelt sich daher um eine Krise des Systems, eine Weltwirtschaftskrise, eine Krise des Kapitalismus, genauer: des Imperialismus, insbesondere der so genannten – und falsch benannten – „neoliberalen" Ausformung desselben. Wir wollen uns ansehen, welche Funktion die EU in diesem System innehat. Denn sie ist gegenwärtig für manche, wie Griechenland, der Rettungsschirm, für andere, wie Island, der Rettungsanker, wieder für andere, wie die Türkei, der Heilige Gral, und für die Schweiz … werden wir es vielleicht später am heutigen Abend entscheiden können.

Vergessen wir die Krise für ein paar Minuten und wenden wir uns der EU im Allgemeinen zu – wir werden ohnedies und unweigerliche wieder auf die Krise zurückkommen oder vielmehr: sie wird uns einholen. Die EU gibt es unter diesem Namen seit 1992 – mit dem Vertrag von Maastricht –, in der heutigen Form erst seit 2009 – mit dem Vertrag von Lissabon. Die Ursprünge reichen natürlich viel weiter zurück.

1. Ursprünge und Entwicklung der EU

Die Begründung des Gesamtprojekts fällt noch in die Nachkriegszeit und hat auch hier ihre Ursachen. Der Zweite Weltkrieg endete bekanntlich mit der Niederlage der faschistischen Staaten Deutschland und Italien sowie ihrer Verbündeten in Österreich, der Slowakei, Ungarn, Rumänien, Kroatien und andernorts. Der Grossteil der von der Wehrmacht okkupierten Gebiete wurde durch die Rote Armee der Sowjetunion befreit und besetzt, in einigen Ländern hatten auch kommunistische Partisanenbewegungen bedeutenden Anteil am Sieg über den Faschismus, so z.B. in Italien, Jugoslawien, Albanien oder Griechenland. In Westeuropa waren die Westalliierten, d.h. insbesondere die USA und Grossbritannien, letztlich doch noch so weit wie möglich vorgedrungen, allerdings weniger um den deutschen Faschismus möglichst schnell zu besiegen, sondern um den Durchmarsch der Roten Armee bis an die Atlantikküste indirekt zu unterbinden. Dementsprechend war also die politische Situation am Ende des bzw. nach dem Zweiten Weltkrieg beschaffen, als sich in der östlichen Hälfte Europas Volksdemokratien und sozialistische Staaten bildeten, während der Westen auf den bürgerlich-demokratischen Postfaschismus setzte (Ausnahmen bildeten Spanien und Portugal, wo die faschistischen Diktaturen noch Jahrzehnte überlebten). In wirtschaftlicher Hinsicht waren Betriebe, Infrastruktur und menschliche Arbeitskräfte in grosser Zahl vernichtet. Für den Imperialismus, der aus dem Krieg widersprüchlicher Weise sowohl als militärischer Sieger wie Verlierer hervorgegangen war, waren die Perspektiven alles andere als rosig. In dieser Situation benötigte er einen Plan und eine Strategie, um den Volksdemokratien und dem Sozialismus, die zweifellos in der Offensive waren, etwas Wirkungsvolles entgegenzusetzen, denn natürlich wich mit dem 8./9. Mai 1945 der angebliche Antifaschismus des US-, britischen und französischen Imperialismus schlagartig wieder dem Antikommunismus und Antisozialismus.

Der erste Schritt hierzu war das „European Recovery Program“ 1948-1953, besser bekannt als „Marshall-Plan“, was die direkte und indirekte finanzielle Unterstützung Westeuropas durch die USA bedeutete. Der zweite Schritt bestand in der Gründung der NATO 1949 sowie der Wiederbewaffnung der BRD 1951-1955, womit der US-Imperialismus sich in Europa festgesetzt und ein Bündnissystem etabliert hatte. Diese Massnahmen reichten jedoch nicht aus.

Um tatsächlich in Europa einen starken antisozialistischen und antikommunistischen Westblock zu formen, erfand man die so genannte „europäische Integration“. Es wurden drei westeuropäische Gemeinschaften gegründet, nämlich bereits 1951 die „Europäische Gemeinschaft für Kohle und Stahl“ (EGKS) sowie 1957 die „Europäische Atomgemeinschaft“ (Euratom/EAG) und die „Europäische Wirtschaftsgemeinschaft“ (EWG). 1967 wurden die drei zu den „Europäischen Gemeinschaften“ (EG) zusammengefasst, womit die unmittelbare Vorläuferorganisation der heutigen EU vorlag. Seit diesem

Jahr gibt es die Kommission, ein „Parlament", dessen Mandatare allerdings erst seit 1979 auch von der Bevölkerung gewählt werden dürfen, sowie den Ministerrat als eigentliches Entscheidungsgremium.

Die sechs Gründungsmitglieder der EG waren Frankreich, die BRD, Italien sowie Belgien, die Niederlande und Luxemburg. 1973 kam es zur ersten Erweiterung, neue Mitglieder wurden Grossbritannien, Irland und Dänemark. In den 1980er Jahren traten drei Staaten mit jüngerer faschistischer Vergangenheit den EG bei, nämlich 1981 Griechenland sowie 1986 Spanien und Portugal – drei Staaten, die man heute wohl gerne wieder los wäre, zumindest in der Euro-Zone. 1996 wechselten die EFTA-Länder Schweden, Finnland und Österreich in die – zu diesem Zeitpunkt bereits – EU. 2004 kam es zur grössten Erweiterungsrunde, der EU traten damals acht ehemals sozialistische Staaten bzw. Teile solcher Staaten bei, nämlich Estland, Lettland, Litauen, Polen, die Slowakei, Slowenien, die Tschechische Republik und Ungarn, ebenfalls aufgenommen wurden Zypern und Malta. Die bislang letzten Neumitglieder sind seit 2007 Bulgarien und Rumänien. Damit hat die EU heute 27 Mitgliedsstaaten. Das bedeutet, nebenbei bemerkt, dass etwa die Hälfte aller europäischen Staaten und der flächenmässig grössere Teil Europas ausserhalb der EU verbleibt.

Die Umwandlung der EG in die EU erfolgte, wie bereits erwähnt, 1992 mit dem Vertrag von Maastricht, wobei die Tätigkeitsfelder der neuen Struktur um die Bereiche Militär, Polizei und Justiz erweitert wurden. Mit diesem Jahr wurden auch die Einführung der gemeinsamen Währung Euro beschlossen, was später, 1999 als Buchgeld und 2002 als Bargeld, durchgeführt wurde. Damit verbunden war natürlich die Schaffung der Europäischen Zentralbank (EZB). Als Ergänzung zum Vertrag von Maastricht ist der Vertrag von Amsterdam aus dem Jahr 1997 zu sehen. Dieser bedeutete die Etablierung der „Gemeinsamen Aussen- und Sicherheitspolitik" (GASP), die Integration der „Westeuropäischen Union" (WEU) – eines Militärbündnisses, wohlgemerkt – in die EU sowie die Schaffung der EADS, also des EU-Rüstungskonzerns, wesentlich als deutsch-französisches Projekt.

Somit können drei Etappen in der Entwicklung der EU markiert werden. Von 1951 bis 1967 ging es vornehmlich um die Bündelung ökonomischer Potenzen im Sinne des „Wiederaufbaus“, das heisst um die Konsolidierung des westeuropäischen Kapitalismus, wobei dies auch als Defensive gegenüber den sozialistischen Staaten in Europa zu sehen war. Von 1967 bis 1992 ging es vermehrt um die politische Zusammenarbeit, verbunden mit einer Offensive gegenüber dem europäischen Sozialismus. Diese Offensive war 1989/90 mit massgeblicher Hilfe des Revisionismus im Inneren der sozialistischen Staaten und in deren kommunistischen Parteien erfolgreich. Seither, oder genauer gesagt seit 1992, befinden wir uns in der dritten Entwicklungsetappe der EU, in der es um die Schaffung eines weitgehend einheitlichen – wir werden noch sehen, welche gravierenden Einschränkungen es hier gibt – imperialistischen Blocks in Europa geht sowie um die Militarisierung desselben.

2. Die EU in ihrer heutigen Verfasstheit

Aufgrund ihrer Geschichte kann über die EU nun gesagt werden, dass sie vier grosse Aufgabenfelder zu bewältigen hat: 1. die optimale Koordinierung der inneren monopolkapitalistischen Ausbeutung, 2. die optimale Koordinierung der imperialistischen Ausbeutung nach aussen, d.h. „kollektiver Imperialismus“ bei 3. gleichzeitiger Abgrenzung zu Konkurrenzimperialismen (vor allem zu den USA), sowie 4. die Koordinierung des Kampfes gegen Emanzipationsbestrebungen der Völker, seien sie antiimperialistisch oder gar revolutionär-sozialistisch.

Offenkundig ist die EU bislang ein imperialistisches Bündnis ist – mehr nicht. Die Frage, die sich zwingend stellt, lautet: Kann sie jedoch mehr sein? Kann die EU, wie manche behaupten oder zumindest hoffen, der Ausgangspunkt für die Überwindung des Nationalstaates unter kapitalistischen Verhältnissen sein? Kann die EU vom Staatenbündnis zum wirklichen Bundesstaat werden? Die Antwort ist meinerseits ein klares Nein. Zu einer solchen Ansicht zu kommen, würde bedeuten, die Leninsche Imperialismustheorie zugunsten eines neokautskyanischen Konzepts zu opfern. Die Behauptung, wir würden nun im Postimperialismus leben, weil sich der Imperialismus (vorerst) gegen den Sozialismus behauptet hat, ist geradezu abwegig. D.h. Ansätze in Richtung „Ultraimperialismus“, „organisierter Kapitalismus“ oder „Empire“ sind zurückzuweisen.

Wenn es so ist, dass wir im Imperialismus leben, dann kann die EU nichts anderes sein und auch nichts anderes werden als ein imperialistisches Bündnis. Der Grund ist recht simpel: Die einzelnen nationalen Imperialismen, die einzelnen imperialistischen Staaten, haben unterschiedliche Interessen, sie stehen in Konkurrenz zueinander. Diese imperialistische Konkurrenz ist nicht aufzuheben, sondern sie kann im Sinne gemeinsamer Ziele für bestimmte Zeiträume zurücktreten. Daher unterliegt das imperialistische Bündnis EU aus Sicht der Mitgliedsstaaten, insbesondere der Grossmächte darunter, dem unbedingten Kriterium der Zweckmässigkeit. Ohne solche Zweckmässigkeit gibt, weil braucht es auch keine EU.

Das bedeutet weiters, dass aufgrund ebendieses Kriteriums die EU nicht „von unten" in etwas anderes, etwas Positives zu transformieren ist, also in eine „Sozialunion", ein „solidarisches Europa" oder sonstige Sozialutopien. Würde es tatsächlich einen Prozess geben, wo in Aussicht stünde, die EU könne „von unten" im progressiven Sinne verändert werden, so würde sie einfach zuvor „von oben" aufgelöst.

Wodurch ist nun die gegenwärtige Verfasstheit der EU und wodurch sind ihre Entwicklungsbedingungen und -möglichkeiten bestimmt? Durch die Hauptwidersprüche des Imperialismus, die in ihrer Anwendung auf die EU zu betrachten sind. – Zuvor wurden die vier Hauptfunktionen der EU erwähnt – und diese sind natürlich ganz genau der Gegenpart zu den Hauptwidersprüchen des Imperialismus überhaupt. Das bedeutet Folgendes.

Erstens soll die EU, wie vorher angeführt, die optimale Ausbeutung nach innen gewährleisten. Dies ist nicht nur die Antwort auf den kapitalistischen Grundwiderspruch zwischen Kapital und Arbeit, sondern, nachdem wir ja von Imperialismus/Monopolkapitalismus und daher Monopolprofiten sprechen, auf Differenzierungen innerhalb der Bourgeoisie, auf die Ausbeutung aller nichtmonopolistischer Schichten durch das Monopolkapital. Das bedeutet, die EU muss weiterhin Massnahmen setzen, um diese innere Ausbeutung bestmöglich zu gestalten (d.h. gefordert ist Profitmaximierung, was auf dem gesellschaftlichen Gegenpol Verarmung, Verelendung und Ruin bedeuten muss; das bezieht sich nicht nur auf das Verhältnis Kapital und Arbeiterschaft, sondern durchaus auch auf das Verhältnis Grosskonzerne einerseits und kleine und mittlere Unternehmen andererseits). Die EU wird jedoch nicht Herr dieser Gegensätze, sondern sie verschärft sie unweigerlich.

Zweitens soll die EU bestmöglich dem „kollektiven Imperialismus" dienen, der Ausbeutung nach aussen, der Ausbeutung der abhängigen Länder der so genannten „Dritten Welt" durch die imperialistischen Staaten. Es ist dies die Antwort – aber natürlich ebenso die sich selbst ständig reproduzierende Ursache – auf den „Nord-Süd-Konflikt", d.h. auf den Gegensatz zwischen den imperialistischen Zentren und der abhängigen Peripherie in Asien, Afrika und Lateinamerika, im Falle der EU auch einer gewissen osteuropäischen Semiperipherie. Auch dieser Widerspruch ist natürlich ein sich verschärfender.

Drittens, habe ich gesagt, die EU sei ein Mittel der innerimperialistischen Konkurrenz, im Falle der EU ein Mittel der Konkurrenz insbesondere zu den USA, aber auch zu Japan. Dieses Mittel ist die EU zunächst ungeachtet durchaus verschiedener Transatlantik-Strategien der Mitgliedstaaten. Auch wenn z.B. Grossbritannien schon als institutionalisierter Juniorpartner der USA erscheint, so gibt es dennoch klare ökonomische Gegensätze. Offensichtlicher ist der Gegensatz zu den USA freilich im Falle Deutschlands und Frankreichs. Diese unterschiedlichen Strategien bzw. die Tatsache, dass es solche gibt, zeigen bloss, dass die innerimperialistische Konkurrenz eben auch vor der EU nicht halt macht und nicht halt machen kann. Dieser Widerspruch treibt sich global selbst auf die Spitze, denn früher oder später werden Deutschland und Frankreich die Hegemonialposition der USA offen in Frage stellen, auch wenn man zum gegenwärtigen Zeitpunkt v.a. militärisch noch nicht einmal annähernd auf Augenhöhe ist. Im Zuge dessen werden auch die latenten Bruchlinien innerhalb der EU offen zutage treten.

Viertens ist die EU ein Mittel im Kampf gegen revolutionäre oder emanzipatorische Bewegungen innerhalb und ausserhalb Europas. Solche entstehen immer wieder als Reaktionen auf den ersten und zweiten Punkt, nämlich auf die innere monopolistische Ausbeutung und die imperialistische Ausbeutung nach aussen. Es entstehen also einerseits innerhalb der EU unweigerlich antimonopolistische Bestrebungen, deren fortschrittlichster Teil revolutionären, kommunistischen Charakters sind. Derartiges haben wir heute z.B. in Griechenland, nämlich eine starke und gut verankterte kommunistische Bewegung durch KKE und PAME, wie auch einen breiter werdenden Volkswiderstand. Und es entstehen andererseits in den abhängigen Ländern unweigerlich antiimperialistische Bestrebungen unterschiedlicher Art, fortschrittliche Varianten finden wir gegenwärtig v.a. in Lateinamerika, nämlich in Venezuela oder auch Bolivien. Solche Bewegungen müssen aus Sicht des Imperialismus zunächst ruhig gestellt und möglichst kanalisiert werden, doch wenn dies nicht klappt, so müssen früher oder später freilich härtere Mittel angewendet werden.

Somit ergeben sich aus allen vier Punkten drei unmittelbare Zielsetzungen, welche die EU nun erfüllen muss.

Einerseits muss die stabile ökonomische Entwicklung vorangetrieben werden – diese ist nämlich Voraussetzung jedes erfolgreichen Imperialismus (freilich eine Problemstellung, mit der man gegenwärtig besonders beschäftigt ist).

Zweitens müssen politische Entscheidungen tendenziell vereinfacht, letztlich monopolisiert werden, das bedeutet Entdemokratisierung und Schaffung handlungsfähiger EU-Institutionen, die niemandem mehr verpflichtet sind (EZB, EADS, und momentan geplant: die EU-„Wirtschaftsregierung“).

Drittens muss die EU einen handlungsfähigen Gewaltapparat haben, insbesondere ein einsatzfähiges Militär. Wozu? Um alle oben genannten Aufgaben im Zweifelsfall mit Gewalt erfüllen zu können, nämlich zunächst die innere Repression und die äussere Aggression, letztlich aber muss die EU (eventuell ein deutsch-französisches „Kerneuropa“) im Kampf um die imperialistische Hegemonie gegen die USA und deren Verbündete reüssieren können – und dieser Kampf wird letztlich ein militärischer sein, wenn er nicht zuvor verhindert wird.

Wir sehen also, die EU hat bezüglich ihrer Weiterentwicklung klare Ziele und Aufgaben, diese sind aber weder innerimperialistisch noch gesamtgesellschaftlich noch global reibungslos, d.h. widerspruchslos umzusetzen. Es gibt Brüche und Risse, es gibt Widerstand und Konkurrenz. Dies sind sodann die Ansatzpunkte einer Bewegung – oder zumindest einmal einer Strategie, denn hier in der Schweiz ist man von einer tatsächlichen Bewegung leider ebenso weit entfernt wie bei uns in Österreich –, die gegen die EU und das europäische Monopolkapital, letztlich natürlich überhaupt gegen den Imperialismus als Weltsystem gerichtet ist.

3. Widerstand gegen die EU

Wir wissen über die EU, dass sie ein imperialistisches Bündnis des europäischen Monopolkapitals ist und daher einen bestimmten sozialen Inhalt, einen Klassencharakter hat. Dieser soziale Inhalt ist nicht zu ändern. Die praktische Reformierbarkeit der EU ist, gelinde gesagt, begrenzt. Daher fallen oft gehörte linke Transformationstheorien und reformistische Ansätze weg, denn sie sind Illusionen und Irrwege.

Die EU hat aber ohnedies ein immanentes Ablaufdatum. Sie würde, früher oder später, aufgrund innerer Widersprüche, die der imperialistischen Konkurrenz geschuldet sind, von alleine zerbrechen. Das heisst jedoch nicht, dass wir uns bloss zurücklehnen müssen, um darauf in aller Ruhe zu warten. Denn wenn die EU aufgrund innerer Gegensätze zwischen den einzelnen nationalen Imperialismen zerbricht, so ginge dies mit einer Verschärfung der Konkurrenzmethoden einher, d.h. mit Gewaltmethoden ökonomischer und politischer Natur, in letzter Konsequenz mit dem Mittel des imperialistischen Krieges. Natürlich ist dies keine erfreuliche Perspektive.

Dem imperialistischen Krieg, insbesondere einem neuen Weltkrieg, kommt man nur mit einem nichtimperialistischen Entwicklungsweg bei, d.h. schliesslich mit einem sozialistischen Entwicklungsweg. Um der abermaligen Zuspitzung der innerimperialistischen Gegensätze bis hin zu direkten militärischen Auseinandersetzungen zuvorzukommen, müssen den Imperialisten die Mittel hierzu aus der Hand geschlagen werden. Ein Mittel, das, wie wir gesehen haben, deutlich in eine solche Richtung orientiert, ist die EU.

Wie nimmt man aber den europäischen Imperialisten, dem europäischen Monopolkapital die EU? In Österreich haben die konsequentesten Teile der Linken und der Kommunisten, darunter etwa die Kommunistische Jugend oder die Kommunistische Initiative, in den vergangenen Jahren die Losung „Raus aus der EU!“ propagiert – die logische Fortführung der Losung „Nein zur EU!“ bis 1995/96. Eine solche Losung – für den EU-Austritt oder ein Nein zum Beitritt – ist aber an sich noch nichts genuin Fortschrittliches oder gar Linkes, denn eine solche Forderung kann (und wird aktuell in der Mehrzehal ja auch) seitens rechter, nationalistischer und chauvinistischer Kreise erhoben werden. Hierzu muss es freilich einen Unterschied geben. Und der Unterschied ist, dass für die Linke solche Losungen eingebettet sein müssen in ein strategisches Gesamtkonzept, das eine Gleichsetzung oder Verwechslung nicht zulässt.

Das bedeutet auch, dass diese Losung und Zielsetzung nicht nur mit Fragen der nationalen Selbstbestimmung und der Souveränität zu tun haben sollen – durchaus auch, denn hier geht es ja um zentrale Demokratiefragen und im z.B. österreichischen oder Schweizer Fall ja auch um die Neutralität –, sondern dass bei der EU-Kritik vermehrt andere Fragen im Vordergrund stehen müssen. Die linke EU-Kritik muss im Mittelpunkt den Kampf gegen das Grosskapital, für demokratische und soziale Arbeiterrechte stellen. Wir müssen die EU-Frage vom Standpunkt der sozialen Frage, letztlich der kapitalistischen Eigentumsfrage stellen, sowie – und dies ist wesentlich – solche durchaus klassenkämpferische Positionen mit dem Antiimperialismus verbinden. Es ist dies kein leichtes Unterfangen, aber es ist notwendig, um tatsächlich eine breitere Bewegung gegen die EU mobilisieren zu können.

Offenkundig sind wir nun bei Fragen der antimonopolistischen und antiimperialistischen Bündnispolitik, die im konkreten Fall gegen die EU gerichtet ist, da diese gegenwärtig und auf absehbare Zeit das zentrale Machtmittel des europäischen Monopolkapitals ist. Die objektive Voraussetzung für die Etablierung einer zumindest links inspirierten Anti-EU-Bewegung ist der Gegensatz aller nichtmonopolistischen Schichten zum Monopolkapital. Wenn die EU die Hauptwaffe ist, die das europäische Monopolkapital gegen die Menschheit führt – nach innen wie nach aussen –, dann haben wir hier den Ansatzpunkt antimonopolistischer EU-Strategien: es ist die monopolkapitalistische Existenz der EU, und kein abstrakter Zwang einer Globalisierung oder wessen auch immer, die zur Bedrückung und zur Unsicherheit der Existenz der Menschen führt. Damit sind Menschen ansprechbar, die nicht von vornherein kapitalismuskritisch oder gar antikapitalistisch eingestellt sind, wohl aber die Bedrückung ihrer Lage spüren. Diese Menschen brauchen konkrete Antworten bezüglich der Verantwortlichen. Die Rechten geben solche Antworten, doch lügen sie natürlich oder lenken ab. Die antimonopolistische Methode kann aber ebenfalls erfolgreich sein, doch müssen wir die Wahrheit sagen. Und mit der Wahrheit der Hauptverantwortung der Bündelung der ökonomischen und politischen Potenzen der europäischen Monopole in Industrie, Finanz und Agrarwirtschaft mittels der EU können alle möglichen Gesellschaftsschichten angesprochen werden: nicht nur die Arbeiterklasse, sondern vor allem auch die Bauernschaft, eine in ihren Lebensbedingungen vor einer drohenden faktischen Proletarisierung stehende Intelligenz und nicht zuletzt die umkämpften Mittelschichten in Stadt und Land, das Kleinbürgertum. Der Faschismus hat gezeigt, wie fatal es ist, wenn die Linke diesen keine seriösen Antworten geben und ihnen kein Angebot machen kann.

Wenn wir diesen Schichten, ja diesen einzelnen Menschen konkret, anhand ihrer Lebenssituationen, aufzeigen können, inwiefern es die EU ist, die ihre Lage zusätzlich bedrückt, dann sind sie auch gegen die EU zu mobilisieren – mit realen Begründungen und gegen einen realen Feind, nicht gegen Masseneinwanderung, Asylbetrug oder was auch immer von den Rechten vorgeschoben wird. Auch die Antworten der linken Agitation müssen auf die Realitätsempfindungen der Menschen orientieren und bei ihnen ansetzen, sie müssen „einfach“ sein, denn die Menschen müssen schon dort abgeholt werden, wo sie stehen – und stehen tun sie nun einmal „rechts“ von uns, denn die Menschen kann man nicht auswechseln. Es geht ja immer um die gleiche Bevölkerung, die heute eben in der Mehrheit die Sozialdemokratie oder in Österreich die FPÖ und in der Schweiz die SVP wählt. Diese Menschen müssen angesprochen werden, aber mit Antworten, die in weiterer Folge immer zum Kern der Sache führen.

Für den Widerstand gegen die EU gibt es nun natürlich zwei Varianten, die unterschiedlichen Ausgangsbedingungen geschuldet sind. Einerseits für Länder, die bereits Mitglied sind (wie Österreich), andererseits für Länder, die keine Mitglieder sind (wie die Schweiz).

a) Die Möglichkeit des EU-Austritts (aus österreichischer Sicht)

Widmen wir uns nun dem möglichen EU-Austritt Österreichs. Bringt der für sich alleine genommen schon etwas? Nein, keineswegs. Aber als Linke betreibt man diesen ja, wie bereits ausgeführt, auf einer bestimmten Grundlage, auf einer antimonopolistischen. Das bedeutet, dass nicht ein sodann „souveräner“ österreichischer Kapitalismus herauskommen soll, der dann auch noch fortfährt, wie bisher Osteuropa auszuplündern – das wäre in der Tat absurd –, sondern mit jenen politischen Ansätzen, die gegen die EU geführt sind, müssen auch Veränderungen im Inneren einhergehen. Käme es zum österreichischen EU-Austritt und im Inneren Österreichs veränderte sich nicht, so wäre das noch kein wirklich signifikanter Fortschritt. Es muss gleichzeitig im Inneren des Landes eine antimonopolistische Entwicklung vorangetrieben werden, auch in Österreich müssen die soziale Frage und die monopolkapitalistische Eigentumsfrage zugespitzt und gestellt werden. Auch hier müssen die ausländischen und eigenen Monopole bekämpft werden, muss ihre Macht zurückgedrängt und gebrochen werden, was umgekehrt wiederum bedeutet, dass es einen radikalen Demokratisierungsprozess geben muss. Beide Entwicklungen bedingen natürlich einander, das eine ist ohne das andere realistisch gesehen kaum zu erreichen. Und auch in einem aus der EU ausgetretenen Österreich muss der Kampf direkt weiter gehen, es muss auch auf dieser Ebene eine grundsätzliche und nachhaltige Neuordnung der Kräfteverhältnisse geschaffen werden, die es ermöglicht, den (noch) bürgerlichen Staat auf eine neue Grundlage zu stellen, neu auszurichten. Gelingt dies nicht, so ist der EU-Austritt zwar nicht wirkungslos, aber bis zu einem gewissen Grad sinnlos, weil ohne Perspektive.

Einige Worte zur internationalen Dimension. Österreich sollte nicht das einzige Land sein, das aus der EU austritt. Es müsste ähnliche Bewegungen in mehreren Ländern geben oder aber zumindest in einem der imperialistischen Hauptländer Europas (Deutschland, Frankreich). Würde nur ein einziger, kleinerer Staat wie Österreich austreten, so würde das die EU noch nicht allzu sehr erschüttern. Treten hingegen mehrere aus oder ein grosses Land, so stellt dies sofort die EU selbst umfassend in Frage. Bei positiver Entwicklung in ausgetretenen Ländern wäre zudem durchaus mit einer Art „Dominoeffekt“ zu rechnen. Und die Austrittsländer müssten der EU ein antiimperialistisches Gegenprojekt, eine Alternative der Völker, entgegenstellen – ähnlich wie in Lateinamerika die von Venezuela und Kuba initiierte ALBA die Antwort auf das neoliberale ALCA-Projekt ist. Die Rest-EU würde wohl zu allen wirtschaftlichen, politischen und schlimmstenfalls sogar militärischen Mitteln greifen, um antimonopolistische Bastionen in Europa zu bekämpfen. Daher muss jedes ehemalige EU-Land mit einem alternativen und progressiven Entwicklungsweg auch neue internationale Bündnisse eingehen:

nicht nur mit anderen europäischen Ländern auf einem ähnlichen Weg, sondern auch mit antiimperialistischen Staaten in Lateinamerika, Asien oder Afrika, so weit vorhanden. Die antimonopolistischen Staaten müssen den globalen Block gegen den Imperialismus verstärken – und sie erhalten gleichzeitig umgekehrt Unterstützung durch diesen, mittels ökonomischer, politisch-diplomatischer und auch militärischer Kooperation. – Das sind alles durchwegs Dinge, die in ihrer sinngemässen Ausrichtung von Venezuela heute schon versucht werden.

Generelles, unbedingtes Faktum ist und bleibt: Dem Versuch der imperialistischen Staaten, antiimperialistische oder antimonopolistische Länder auf ihrem revolutionären Weg zu isolieren, ist nur mit alternativen internationalen Beziehungen beizukommen. Und dies ist auch der An- und Verknüpfungspunkt zwischen dem Antimonopolismus in Europa und dem Antiimperialismus, denn dies sind nur zwei Formen desselben Kampfes. Diese Kämpfe müssen sich in der Praxis global verbinden – und sie müssen zuvor bereits ideell, d.h. inhaltlich-politisch verbunden werden. Anders, so viel ist klar, wird der Weltimperialismus nicht zu besiegen sein.

b) Die Möglichkeit des EU-Beitritts (aus türkischer Sicht)

Nun zu jenen Staaten, die nicht oder noch nicht EU-Mitglieder sind. Ich nehme bewusst nicht das Beispiel Schweiz, denn ich bin ja nicht hier, um den Schweizern irgendetwas vorzuschreiben. Wir nehmen das Beispiel der Türkei – und die Schlussfolgerungen für die Schweiz müssen dann hier selbst gezogen werden.

Im Allgemeinen, sehen wir kurz von den aktuellen Krisenproblemen in der EU und in der Euro-Zone ab, wird der türkischen Bevölkerung von der etablierten Politik ein möglicher EU-Beitritt als immenser Fortschritt verkauft – kaum ein Unterschied zwischen konservativ-islamischer Partei einerseits, klassischen Kemalisten bzw. Sozialdemokraten andererseits. Ein Argument sind dabei die EU-Förderungen in der Landwirtschaft, die natürlich ein vergleichsweise weniger entwickeltes und in weiten Teilen agrarisch dominiertes Land wie die Türkei treffen würden. Ein weiteres Argument sind erleichterte Handelsbeziehungen, d.h. Waren-, Kapital- und auch Arbeitskräfteaustausch – letzteres würde es türkischen Arbeitern z.B. ermöglichen, zumindest temporär in europäischen Staaten mit höherem Lohnniveau Arbeit zu suchen. Ein drittes Argument wäre die „solidarische" europäische Wirtschafts- und Finanzgemeinschaft, die im Zweifelsfall Schutz vor Krisenerscheinungen sei. Weiters geht es – für die Politik – ganz einfach um Macht, d.h. um Mitbestimmung in einem transnational und international wichtigen Konstrukt wie der EU. Und zuletzt sei die EU auch ein kollektives Sicherheitsbündnis.

Die Realität sähe freilich anders aus und brächte wechselseitige Probleme mit sich. Zwar kämen aus den EU-Förderungen natürlich auch ein paar Euro einfachen türkischen Bauern zugute, den Grossteil der EU-Subventionen erhalten aber selbstverständlich die grossen Agrarkonzerne und Grossgrundbesitzer, gegenwärtig kommt z.B. die britische Königin in den Genuss massiver Subvention durch EU-Fördergelder. Das bedeutet, dass das EU-Fördersystem in der Landwirtschaft in Wirklichkeit eine monopolkapitalistische Bereinigung fördert: die kleinen und mittleren Bauern werden ruiniert, da sie mit den paar Almosen, die ihnen zugestanden werden, trotzdem keinerlei Chance gegen die Grossbetriebe, Agrarkonzerne (seien sie auch als Genossenschaften getarnt) und Grossgrundbesitzer haben werden. Das ist seit 1996 auch in Österreich klar zu beobachten, wo das „Bauernsterben" nach wie vor grassiert: Die Grossen werden noch grösser, die Kleinen werden weniger. Die Abnehmerpreise für landwirtschaftliche Produkte werden angeglichen und nach unten nivelliert, obwohl die Endverbraucherpreise im Supermarkt steigen, und zu diesem Zweck werden jedes Jahr riesige Mengen von Lebensmitteln oder deren Grundlagenprodukten vernichtet oder anderen Zwecken – etwa der Treibstofferzeugung – zugeführt.

Das zweite Argument, die Waren-, Kapital- und Produktionsinteraktion, führt sich auch ad absurdum. Die Produktionsüberschüsse, die es in der EU, v.a. in Deutschland, gibt, brauchen Abnehmer dieser Waren. Das bedeutet, dass zu steigernde Importe in die Türkei natürlich die türkischen Produzenten weiter unter Druck setzen und stetig ruinieren werden. Der „freie" Kapitalverkehr hat überhaupt nur einen Hauptzweck: Den Ausverkauf türkischer Unternehmen und Betriebe, sowohl staatlicher als auch privater, an westeuropäische Konzerne. Und mit den Arbeitskräften ist es auch so eine Sache: Wird die Türkei noch tiefer in die „Standortlogik" des internationalen Monopolkapitals gezogen, so müssen zwecks „Wettbewerbsfähigkeit" in der Türkei möglichst geringe Lohn- und Lohnnebenkosten herrschen sowie ausländische Investoren mit Subventionen beglückt werden.

Das Geld fehlt dann natürlich auf der Gegenseite, es kommt zur weiteren Zerstörung des Sozialsystems, zum Kaputtsparen im Bildungs- und Gesundheitssystem sowie zur Ausdünnung und Teilprivatisierung im Pensionssystem. Und zu ganz genau denselben Konsequenzen führt natürlich die EU-Verpflichtung zum Erreichen bestimmter Budgetziele. Dann der Punkt der Frage des „Mitredens" in der EU: Natürlich hätte die Türkei dann auch eine Stimme im Ministerrat – nämlich eine von sodann 28. Doch die gegenwärtige Entwicklung in der EU geht ohnedies in eine andere Richtung als die der Konsensentscheidungen und der Demokratie, nämlich in Richtung von Mehrheitsentscheidungen, machtpolitischer Zentralisierung, verbindlicher EU-Rechtsprechung und der Immunisierung von Institutionen vor demokratischer Kontrolle und Einflussnahme. Es geht um Entdemokratisierung und – noch deutlicher sichtbar – um die Entsouveränisierung der Bevölkerungen, um regelrechte Entmündigung. Dass demgegenüber das EU-Parlament ein bisschen aufgewertet wird, ist nur ein Ablenkungsmanöver. Und abschliessend die Militarisierung der EU: Es werden in der EU Eingreif- und Kampfgruppen aufgestellt, die am Balkan auch schon im Einsatz sind als Okkupationsarmeen. Und es soll verpflichtende Aufrüstungsbestimmungen geben, d.h. im Budget sind ausgabenseitig nicht etwa für Bildung oder Gesundheit bestimmte Prozentsätze zu erreichen, sondern für das Heer und seine Aus- und Aufrüstung. Bei künftigen Militär- und v.a. Kampfeinsätzen der EU wären so erprobte Soldaten, wie jene der türkischen Armee, die ohnedies im Bürgerkrieg gegen kurdische und revolutionäre Organisationen steht, natürlich willkommen. Aber sollen türkische Soldaten wirklich für die Interessen deutscher Konzerne global – vornehmlich dort, wo man die Bundeswehr aus innenpolitischen Gründen nicht sehen möchte – in den Krieg ziehen und sterben?

Vor diesem Hintergrund ist es – euphemistisch gesagt – äusserst fragwürdig, ob ein etwaiger EU-Beitritt der Türkei für die einfachen Menschen, für die Arbeiter und Bauern, wirklich ein Fortschritt wäre – in sozialer, rechtlicher und demokratischer Hinsicht wäre wohl das Gegenteil der Fall. Die Entscheidung, ob die Türkei der EU beitreten soll, kann nur die türkische Bevölkerung treffen, im Rahmen einer Volksabstimmung. Abzulehnen ist übrigens das Ansinnen verschiedener rechter, nationalistischer Parteien in der EU, auf nationalen Ebenen einzelner Mitgliedstaaten, z.B. in Österreich und Deutschland, Abstimmungen über den Beitritt der Türkei durchzuführen.

Insofern ist es jetzt auch nicht meine Aufgabe, eine Entscheidung bezüglich der Türkei zu treffen. Aber wenn ein türkischer Staatsbürger es von mir wissen will, dann würde ich ihm von einem Ja bei einer eventuellen türkischen Volksabstimmung selbstverständlich klar abraten.

Wichtig ist jedoch, sich keinen Illusionen hinzugeben. Denn auch wenn man nicht Mitglied in der EU ist, ist man von ihren Entscheidungen, von ihrer Politik und ökonomischen Orientierung betroffen, in der Intensität natürlich abhängig von politischem und wirtschaftlichem Standing des jeweiligen Staates.

Das bedeutet, dass die schon früher erwähnten antiimperialistischen und antimonopolistischen Kernaufgaben des EU-Widerstandes bei Nichtmitgliedern schon heute auf die Tagesordnung gehören. Dabei geht es um progressive soziale, wirtschaftliche und demokratiepolitische Massnahmen sowie international um solidarische und gleichberechtigte Beziehungen auf Augenhöhe, die natürlich von keiner normalen bürgerlichen oder sozialdemokratischen Regierung zu verlangen und zu erwarten sind. Von Karl Marx stammt der Satz, der revolutionäre Kampf sei zunächst der Form nach national, dem Inhalt nach international. Das heisst – auf den Antimonopolismus umgelegt –, dass jedes Volk zuerst einmal mit seinem eigenen Monopol- und Finanzkapital zurande kommen muss, es politisch und wirtschaftlich entmachten und eine radikaldemokratische Gegenmacht etablieren muss. Das ist der beste internationalistische Beitrag zum weltweiten Kampf gegen den Imperialismus als Weltsystem. Gelingt dies nicht auf nationalen Ebenen, so kann und darf man sich auch keine anderen internationalen Beziehungen erwarten. Das Fremdwort Internationalismus bedeutet wörtlich und inhaltlich, das es um Dinge geht, die zwischen den Nationen geschehen, und nicht, dass diese einfach wegzudenken sind.

4. Die EU und die Weltwirtschaftskrise

So weit die allgemeinen Betrachtungen zur EU. Nun wieder – wie angekündigt und angedroht – zurück zur Wirtschaftskrise und zum unmittelbaren Zustand der EU und ihren konkreten Problemen. Hier herrschen also Finanz-, Banken-, Schulden- und Eurokrise.

Wir können davon ausgehen, dass die oberste Zielsetzung der EU darin besteht, das System zu retten: das System EU, das System Finanzkapitalismus, das System Imperialismus und das System Kapitalismus. Es geht der EU nicht und niemals darum, den einfachen, arbeitenden oder arbeitslosen Menschen zu helfen. Es geht nicht um die Sicherung von Löhnen, Pensionen und Renten oder der allgemeinen Daseinsvorsorge, des Sozialsystems, des Gesundheitssystems oder des Bildungssystems.

Wir müssen uns vielleicht noch einmal vor Augen führen, was die Ursachen einer kapitalistischen Krise sind. Diese treten im Kapitalismus ja mit einer gewissen Gesetzmässigkeit und daher auch Regelmässigkeit auf. Warum? Sie entspringen dem Grundwiderspruch zwischen Kapital und Arbeit oder, genauer gesagt, zwischen erweiterter Kapitalakkumulation und einfacher Arbeitskraftreproduktion. Banal gesagt: Der Kapitalist will nicht nur, sondern er muss maximalen Profit realisieren – und hierfür muss er möglichst viele Waren in möglichst kurzer Zeit produzieren lassen, und dies wiederum mit (relativ gesehen) möglichst wenigen Arbeitern, denen er möglichst geringe Löhne bezahlt. Das ist der Inhalt der kapitalistischen Produktionsweise und der kapitalistischen Produktionsweisheit. Aber hier gibt es ein Problem: Der angeeignete Mehrwert wird natürlich erst dann realisiert, wenn der Kapitalist seine Waren auch absetzt. Doch – und hier beisst sich die Katze eben in den Schwanz – die Masse der Konsumenten, die die Waren kaufen sollen, sind genau die gleichen Arbeiter, denen vorher möglichst wenig Lohn bezahlt wurde, in jedem Fall natürlich weniger, als dem Wert der von ihnen selbst produzierten Waren entspricht. Was geschieht? Die Waren können nicht verkauft werden, da sich die Käufer diese nicht leisten können. Es gibt einen Widerspruch zwischen Produktion und Konsum bzw. Produktion und Markt resp. Marktausweitung. Damit tritt die kapitalistische Krise ein, die – so gesehen – eine Überproduktionskrise ist: es gibt zu viele Waren. Aber es sind nicht etwa zu viele für die Bedürfnisse der Menschen, sondern lediglich für ihre „Kaufkraft". Es folgen daher Waren- und Kapitalvernichtung, Produktionsrückgänge, Entlassungen, Arbeitslosigkeit und noch ärmere Menschen, denen dann auch noch Sozialleistungen gestrichen werden, weil man ja sparen muss. Das ist die Realität auch der gegenwärtigen Krise.

Aber die Krise ist auch – oder angeblich sogar vornehmlich – eine Finanzkrise, wie man uns oft genug sagt. Denn das Kapital weiss natürlich, dass die sinnvolle Investition in der Produktion begrenzt ist. Wir haben es im gegenwärtigen Kapitalismus, d.h. im etablierten staatsmonopolistischen Kapitalismus seit Jahrzehnten mit einer permanenten Überakkumulation zu tun, d.h. es gibt immer einen Kapitalüberschuss, der nicht mehr in der Produktion unterzubringen ist. Das ist ein Problem, denn das Kapital muss der Verwertung zugeführt werden. Dieser Überschuss wird dann vermehrt auf den „Finanzmärkten“ untergebracht, somit der eigentlichen Produktionssphäre entzogen. Aber nur scheinbar, denn die Realität holt einen immer irgendwann ein. Und irgendwann stellt sich heraus, dass die real erwirtschafteten Erträge deutlich hinter den hoch gepushten Erwartungen der Spekulationsobjekte zurückbleiben. Dann tritt die Finanzmarktkrise ein, die aber somit auch nur eine Erscheinung einer ganz materiellen, handfesten Wirtschaftskrise ist, wie zuvor beschrieben.

Und vor einem solchen Hintergrund soll nun in der EU gerettet werden, was zu retten ist. Wir hatten ja zuerst die „faulen Kredite“, die über den Weiterverkauf im bankeninternen Kreditsystem weltweit verteilt wurden. Die Banken verlieren Geld, sie müssen von ihren Staaten abgesichert und aufgefangen werden. Manche Staaten können sich das aber nicht leisten – z.B. Island – und gehen sofort Pleite. Die Abschreibungen der Banken führen wiederum nicht nur zum Stocken der wechselseitigen Kreditvergabe, sondern auch bezüglich der Staaten, die sich ebenfalls über die Finanzmärkte finanzieren: über direkte Kredite, aber auch und insbesondere über die berühmten Staatsanleihen. Ist aber bei einem Staat absehbar, dass er weder seine Schulden zurückbezahlen kann noch – aufgrund der Produktionsrückgänge der Wirtschaftskrise selbst – seine Staatsausgaben aus den Steuereinnahmen wird bestreiten können, dann bekommt er gar kein Geld mehr auf diesen „normalen“ Wegen. Dies ist bei Griechenland der Fall, das langsamer in die Pleite schlitterte. Warum ist das nun für die EU ein Problem? Es ist eines in zweierlei Hinsicht.

Erstens: Die grössten Gläubiger Griechenlands sind westeuropäische Banken, v.a. deutsche und französische. So eigenartig es auch wirkt, so ist es doch schlichtweg so, dass die reicheren EU-Staaten Geld nach Griechenland transferieren, damit Griechenland mit diesem Geld die Schulden (oder wenigstens die Kreditzinsen) bei den westeuropäischen Banken bezahlen kann. Die so genannte „Griechenland-Rettung“ ist also in Wirklichkeit eine indirekte und schlecht versteckte Bankenrettung: Das westeuropäische Monopol- und Finanzkapital und seine Regierungen retten sich bloss selbst. Dass daneben die Menschen in Griechenland dem EU-„Spardiktat", das der griechischen Regierung im Gegenzug auferlegt wird, hilflos ausgesetzt sind, interessiert niemanden. Aber es ist wieder nur ein Schuss ins eigene Knie, denn auf diese Weise kann man die griechische Wirtschaft natürlich genau nicht „ankurbeln", im Gegenteil: Die Produktion muss abermals einbrechen, die Arbeitslosigkeit steigt, die Armut steigt – und die Kaufkraft und die Staatseinnahmen sinken.

Zweitens ist Griechenland aber nicht nur einfaches EU-Mitglied, sondern auch Mitglied der Euro-Zone. Zwecks Währungsstabilität gibt es in dieser Zone bekanntlich bestimmte Budgetziele, die nicht verfehlt werden dürfen – wovon Griechenland aber natürlich denn doch ein bisschen entfernt ist. Also steht für die EU grundsätzlich einmal fest, dass Griechenland nicht in den Konkurs geschickt werden darf, solange es in der Euro-Zone ist.

Wie aber weiter? Früher oder später wird es zum radikalen Schuldenschnitt kommen, vermutlich um 50% – so viel ist klar. Das wird die westeuropäischen Banken und Versicherungen hart treffen, einspringen müssen im Zweifelsfall wieder deren Nationalstaaten, also letztlich die Menschen mittels Massensteuern. Aber ausserdem? Zwei Ideen sind im Umlauf: Entweder der „Euro-Rettungsschirm" (EFSF) gibt eine Teilkaskoversicherung für Staatsanleihen der betroffenen Länder wie Griechenland oder Portugal ab, womit Investoren angelockt werden sollen – hierfür wäre der EFSF massiv zu erhöhen, wir sprechen dann schon von Billionenbeträgen, nicht mehr Milliarden; oder der EFSF finanziert sich über die EZB, was schlichtweg bedeuten würde, dass die Gelddruckmaschine angeworfen wird und quasi permanent in Betrieb bleibt. Der zweite Fall entspricht dem Modell der USA. Die USA aber sind mit ihrer Dollarblase genau deshalb längst de facto Pleite, eine Entwicklung, die bereits mit dem Ende des Bretton-Woods-Systems und der Goldbindung des Dollars eingesetzt hat. Nur weil jeder weiss, dass hinter den USA die mächtigste Kriegsmaschine der Welt steht und diese auch global nach willkürlichen Kriterien eingesetzt wird, steht (bisher) niemand auf und sagt: „Euer Dollar ist nicht einmal das Papier wert, auf das er gedruckt wird" – was nämlich stimmen würde. Ironie am Rande: Ausgerechnet die Volksrepublik China verfügt über astronomische Dollar-Devisenreserven, mit denen die USA theoretisch jederzeit in den Abgrund gestürzt werden könnten. Es ist sehr fraglich, ob eine ähnliche Situation eine erfreuliche Option für die Herren in Brüssel, Berlin und Paris ist.

Wohl definitiv vom Tisch ist die Idee der Euro-Bonds, also gemeinsamer Staatsanleihen der Länder der Euro-Zone. Diese hätten es den „Krisen- und Pleitenstaaten“ wie Griechenland, Portugal, Spanien und Italien ermöglicht, leichter und zu besseren Bedinungen, d.h. niedrigeren Zinsen, an Geld zu kommen, denn es ergäben sich dann ja sozusagen ein Durchschnittswert und entsprechender Zinssatz. Das wäre natürlich umgekehrt eine Verschlechterung für die stabileren Staaten mit Top-Ranking, also Deutschland, Frankreich, die Niederlande oder Österreich. Und genau deshalb werden die Euro-Bonds nicht eingeführt. Diese Tatsache zeigt nur abermals, dass die EU eben nicht das ist, wofür sie gerne ausgegeben wird: Sie ist kein solidarisches Integrationsprojekt unter Gleichen und Gleichwertigen, sondern eben ein Bündnis gemäss gegebener imperialistischer Machtverhältnisse.

Die EU befindet sich also durchaus in einem Dilemma, verfolgt aber klare Ziele, die ich abschliessend zusammenfassen möchte.

1. In der Vergangenheit wurde oft von einer „EU der verschiedenen Geschwindigkeiten“ und von einem „Kerneuropa“ gesprochen – derartiges ist in Wirklichkeit schon Realität. Es gibt eine Euro-Zone und die Rest-EU. Es gibt in der Euro-Zone die stabilen Staaten wie Deutschland, Frankreich, die Niederlande oder Österreich und es gibt die Krisenstaaten wie Griechenland, Portugal, aber, realistisch gesehen, auch Spanien oder Italien. Und es gibt natürlich immer die imperialistischen Grossmächte neben kleineren Staaten. Es gibt also klare Hierarchien innerhalb des Imperialismus. Diese werden früher oder später politisch institutionalisiert werden. D.h. es wird sich wohl ein Regime unter deutsch-französischer Führung herausbilden – eben eine „EU-Wirtschaftsregierung“ –, das zentralisiert agiert und weitreichende Befugnisse haben wird, in die Budgetpolitik, die Lohnpolitik, die Sozialpolitik etc. der einzelnen Staaten einzugreifen. Dies würde die weitere Entdemokratisierung und Entsouveränisierung der Staaten und Bevölkerungen bedeuten.

2. Zur Absicherung wird die Militarisierung der EU weiter vorangetrieben werden. Denn im Inneren wird man sich, wenn man die Fern-

sehbilder des letzten Generalstreiks in Griechenland betrachtet, gewiss früher oder später zur „Aufstandsbekämpfung“ genötigt sehen. Anderseits geht es auch darum, wie schon erwähnt, in der zwischenimperialistischen Konkurrenz gegenüber den USA aufzuholen. Diesbezüglich werden sich auch neue Bündnisse ergeben, Deutschland hat ganz offensichtlich Russland im Auge. Darüber hinaus wird in der Gesamtauseinandersetzung bestimmt auch die VR China eine Rolle spielen. In welchem Ausmass diese aktiv oder passiv sein und wo und wie die Positionierung stattfinden wird, darüber könnte man heute bloss spekulieren, was eher unseriös wäre.

3. Ist die Krise durchtaucht – und das wird sie –, dann werden wir wieder „business as usual“ haben. An der wirtschaftlichen und sozialen Ausrichtung der EU wird sich nichts ändern. Sie ist das „Europa“ der Banken, Konzerne und Militärs, der wirtschaftlichen und politischen Eliten. Für die einfachen, arbeitenden Menschen in der EU werden weiterhin nur Butterbrot und Peitsche vorgesehen sein.

Denn: Die Krise ist für den kapitalistischen Imperialismus kein Zusammenbruch, sondern immer nur eine nötige Reinigung – und damit auch ein Neubeginn seiner umfassenden Entfaltung.

Was heisst das für uns? Was tun? – Ich möchte es mit den Worten der Generalsekretärin der KP Griechenlands, Aleka Papariga, sagen:

„Unabhängig von der Form, die die EU annehmen wird, wird es da stets ein Gebiet mit einer gemeinsam entschiedenen Politik ohne Widersprüche und Meinungsverschiedenheiten geben:

- die barbarische Strategie gegen die Arbeiterklasse, gegen das arbeitende Volk in allen Mitgliedsstaaten;

- die Beteiligung an imperialistischen Kriegen, dem ‚imperialistischen Frieden‘.

Dieser Politik gegen die Völker wird durch jede Gestalt des EU-Wirkens und jede gemeinsame Politik, die dort erzielt wird, gedient. Dies ist der Klasseninhalt der europäischen Föderalisierung, die von etlichen Mitgliedsstaaten und politischen Kräften derzeit vorgebracht wird. Der Nationalstaat als ein Organ, welcher die Konzentration und Zentralisation des Kapitals in harter Konkurrenz zwi-

schen den Mitgliedsstaaten gewährleistet, wird nicht überwunden oder ausgelöscht werden.

Die politische Linie des Bruchs und Rückzugs aus der EU ist eine Voraussetzung, damit das Ergebnis des Kampfes zum Nutzen des Volkes, für die Perspektive des Sozialismus, für ein vereintes sozialistisches Europa sein wird. Diese Möglichkeit kann nicht automatisch und gleichzeitig in Europa als Ganzem realisiert werden. Sie wird das Ergebnis von aufeinanderfolgenden und abgestimmten Schlägen auf der Ebene der Nationalstaaten sein.

Die Völker müssen aus ihrem Teil her gegen die bürgerlichen Staaten, die Monopole auf nationalstaatlicher wie europäischer und internationaler Ebene kämpfen. Sie können die Beschlüsse der EU nicht ‚korrigieren'. Sie können eine vorübergehende Abbremsung durch eine aggressive politische Durchbruchlinie erzielen. Letztlich ebnet der Rückzug jedes Landes durch die Überwindung der bürgerlichen Herrschaft den Weg für das Europa des Sozialismus, der gleichberechtigten Zusammenarbeit im Interesse des Volkes."

Dem ist von meiner Seite nichts mehr hinzuzufügen – aber man kann und soll natürlich darüber sowie über alles, was ich vorgebracht habe, diskutieren.

Redigierter Text nach den Vortragsunterlagen in Schweizer Rechtschreibung; im Internet veröffentlicht auf www.kommunisten.ch am 8. November 2011.

Die EU und der Imperialismus

Vortrag in München, 28. Juli 2012

Mit dem Titel „Die EU und der Imperialismus“ liegt ein weites Feld vor uns, das wohl nur teilweise zu beackern sein wird. Einerseits mit einem knappen Überblick über historische Hintergründe, über den Status quo und über Entwicklungstendenzen und -möglichkeiten, andererseits mittels Herausgreifens einzelner Punkte, die von besonderer Bedeutung sind.

Der Imperialismus als Weltsystem im 20. Jahrhundert

Der Imperialismus als System benennt den am höchsten entwickelten Kapitalismus, trotzdem bedeutet seine Herausbildung natürlich nicht das Ende jeder Entwicklung und jeder Nuancierung seiner Inhalte. Der Imperialismus ist in ökonomischer Hinsicht zunächst markiert durch die Bildung großer nationaler Monopole („Konzerne“ wird dies landläufig genannt), die in den nationalen Ökonomien und in der Weltwirtschaft die entscheidende Rolle spielen. Weiters bildet sich das Finanzkapital, was einer Bedeutungssteigerung der Banken und Versicherungen geschuldet ist. Damit einher geht eine Zunahme des Kapitalverkehrs gegenüber dem Warenverkehr, letztlich das scheinbare Primat von Finanzgeschäften, was wiederum auf die permanente Überakkumulationskrise des Kapitalismus zurückzuführen ist. Und die Monopolkonzerne teilen die Welt untereinander auf – dies bezieht sich auf Marktsphären und Rohstoffzugriffe, heute auch auf billige Arbeitskräfte und Finanzinvestitionsmöglichkeiten. Dabei werden sie von jenen Nationalstaaten, in denen sie ihre Basis haben, politisch und militärisch unterstützt, womit es auch um eine territoriale Aufteilung Welt ging und geht. Dies sind im Wesentlichen jene Punkte, mit denen Lenin den Imperialismus 1917 umrissen hat und die auch heute noch zutreffend sind.

Ein solches System bringt eine Reihe von ernsten Problemen mit sich, von gravierenden Widersprüchen. Die Vorherrschaft der Monopole geht natürlich zulasten der kleinen und mittleren Betriebe und des Kleinbürgertums, die ruiniert werden, sich neu bilden – und wieder ruiniert werden. Die Monopole stehen untereinander in scharfer Konkurrenz, ebenso die imperialistischen Großmächte und ihre jeweiligen Verbündeten. Es gibt den so genannten „Nord-Süd-

Konflikt“, d.h. den Gegensatz zwischen den „fortgeschrittenen Industriestaaten“ (den imperialistischen Zentren) und den abhängigen und ausgebeuteten Ländern in Afrika, Asien und Lateinamerika. Und es gibt natürlich starken Druck seitens des Monopolkapitals auf die Lebens- und Existenzbedingungen der globalen Arbeiterklasse.

Diese Widersprüche hatten im 20. Jahrhundert bedeutende Konsequenzen: So z.B. zwei verheerende Weltkriege, inklusive des industriellen Massenmords, des Genozids und des Einsatzes von Atomwaffen; es gab eine große Weltwirtschaftskrise Ende der 20er, Anfang der 30er Jahre, es bildeten sich faschistische Diktaturen (v.a. in Europa), es gab direkte koloniale Unterdrückung. Es gab – im Sinne des Widerstandes gegen die Auswirkungen des Imperialismus – aber auch positive Konsequenzen, so z.B. gerade das Ende des soeben erwähnten klassischen Kolonialsystems, was aber noch kein Ende der imperialistischen Unterdrückung und Ausbeutung bedeutete. Und es gab, schon relativ früh in diesem Jahrhundert, auch die erste sozialistische Revolution, nämlich in Russland 1917, die, wie wir heute wissen, mit höchst unterschiedlichem weiteren Erfolg vorangeschritten ist. Nach 1945 gesellten sich dazu die Volksdemokratien in Osteuropa, dann revolutionäre Umwälzungen z.B. in Kuba oder Vietnam, vor allem aber natürlich in China.

All dies war für den Kapitalismus und den Imperialismus nicht erfreulich, sie befanden sich spätestens gegen Ende der 1940er Jahre in der Defensive gegen den Sozialismus und gegen nationale Befreiungsbewegungen in den abhängigen Ländern.

Die imperialistischen Staaten Westeuropas und Nordamerikas haben sich angesichts dieser Situation auf verschiedene Weise verbündet. Ein erster Schritt hierzu war z.B. der Marshall-Plan, in weiterer Folge die Gründung der NATO, die Gründung und Wiederbewaffnung der BRD als „Frontstaat“ sowie deren NATO-Mitgliedschaft, später die Schaffung der OECD, zuletzt natürlich der EGKS, der EAG und der EWG, sodann als EG zusammengefasst, womit die Vorläuferstruktur der heutigen EU gebildet wurde.

Das imperialistische Bündnis EU

Wenn sich imperialistische Staaten verbünden, dann kann dies unterschiedliche Formen annehmen: Es kann sich um ein eher loses oder gar bloß informelles Bündnis handeln, es kann aber auch eine fortschreitend institutionelle Form annehmen, wie es bei der EU der Fall ist. So oder so haben die beteiligten Staaten jedoch immer nicht nur gemeinsame, sondern auch gegensätzliche Interessen, was dem Charakter des Imperialismus selbst geschuldet ist, denn kein Bündnis hebt die innerimperialistische Konkurrenz auf. Das war auch bei der schrittweisen Herausbildung der EG der Fall: Für Frankreich stand zunächst gewiss das Interesse im Vordergrund, das Wiedererstarken der BRD zu kontrollieren. Für das deutsche Monopolkapital stand hingegen vermutlich recht bald fest, dass man hier ein Vehikel für künftige, neue imperialistische Ambitionen finden würde. Für kleinere Staaten ist die Teilnahme an einem Bündnis immer die Möglichkeit, an den Erfolgen der großen zu partizipieren. Und darüber, von außerhalb, standen die USA, deren vorrangiges Ziel es war, einen Westblock gegen den europäischen Sozialismus zu schaffen. Auch heute gibt es immer noch ganz klar unterschiedliche Interessen in der EU, so ist z.B. die spezielle Rolle Großbritanniens zu erklären, das weltpolitisch bekanntlich das Schoßhündchen der USA spielt: In der EU befindet sich Großbritannien wohl lediglich als Trojanisches Pferd der angloamerikanischen Achse, es fällt höchstens als Blockierer und Verweigerer auf, manchmal aber vergisst man sogar fast, dass Großbritannien EU-Mitglied ist.

Es ist wichtig zu wissen, dass es in einem imperialistischen Bündnis, auch in einem hoch institutionalisierten wie der EU, immer diese gegensätzlichen Interessen der Bündnisteilnehmer bzw. der Mitgliedstaaten gibt. Das bedeutet nämlich auch, dass für den Fall, dass die eigenen Interessen nicht mehr genügend zur Geltung kommen, auch ein Ausscheiden aus einem Bündnis oder sogar dessen gezielte Auflösung betrieben werden kann. D.h. die EU hätte durchaus ein immanentes Ablaufdatum aufgrund innerer Widersprüche.

Kommen wir jetzt aber zu den gemeinsamen Interessen, denn diese machen ein imperialistisches Bündnis ja letztlich aus. In einem imperialistischen Bündnis werden ökonomische, politische und militärische Potenzen gesammelt, um konzentriert für gemeinsame Interessen agieren zu können. Im Falle der EU bzw. der EG handelte es sich zunächst um defensive Interessen, nämlich um den Wiederaufbau und die Konsolidierung des westeuropäischen Kapitalismus sowie um die Abwehr des europäischen Sozialismus – hierfür ging es v.a. um wirtschaftliche Kooperation. In der nächsten Etappe wurde die politische Kooperation gestärkt, nun schon in einer Offensive gegen die sozialistischen Staaten Europas, die schließlich, 1989/90, auch zerstört werden konnten, freilich mit relevanter Hilfe aus dem Inneren dieser Staaten. Diese Konterrevolution in Europa bedeutete und bedeutet bis heute auch eine partielle Neuaufteilung der Welt, weit über Europa hinaus. Hierfür ist die EU bemüht (v.a. Deutschland und Frankreich sind es), einen handlungsfähigen imperialistischen Block zu schaffen, der ökonomisch einheitlich, politisch zentralisiert und militärisch einsatzfähig ist – auch um den Preis einer Spaltung der EU (Stichwort Kerneuropa). Darum ging und geht es in der dritten Etappe der Entwicklung der EU, in der wir uns immer noch befinden.

Systematisch zusammengefasst hat die EU also nun folgende Aufgaben: 1. Die Gewährleistung und Optimierung der inneren Ausbeutung auf (monopol-)kapitalistischer Grundlage; 2. die Gewährleistung und Optimierung der Ausbeutung der abhängigen Länder; 3. die Gewährleistung einer relevanten Rolle in der globalen imperialistischen Konkurrenz und im Kampf um die imperialistische Hegemonie (v.a. gegen die gegenwärtige Hegemonialmacht USA); 4. die Niederhaltung aller emanzipatorischen und revolutionären Bestrebungen und Bewegungen im Inneren der EU und weltweit.

Diese vier Punkte markieren die allgemeine imperialistische Zweckmäßigkeit der EU. Ist diese Zweckmäßigkeit für die Hauptmächte nicht mehr gegeben, so wird die EU auch nicht mehr länger bestehen und aufgelöst werden. Dies ist von großer Bedeutung, wenn wir später über die Perspektiven der EU-Entwicklung sprechen. Zuvor noch einige Worte zur jüngeren und jüngsten Geschichte, die insbesondere durch die zunehmende Dominanz der BRD in der EU bestimmt ist, aber natürlich auch durch die Weltwirtschaftskrise.

Von der EU zu Deutsch-Europa?

In Anlehnung an Gary Lineker könnte man sagen: „Die EU ist ein Spiel mit 27 Teilnehmern und am Ende gewinnt Deutschland."

Dass es eines institutionellen Bündnissystems bzw. sogar eines Staatenbundes bedarf, um auf diese Weise die Vorherrschaft in Europa auszuüben, das ist kein neues Konzept des deutschen Imperialismus. Es gab ein solches bereits im Zuge des Ersten Weltkrieges und auch die vorgesehene Nachkriegsordnung des NS-Faschismus wäre in eine ähnliche Richtung gegangen – aber das hat ja die Rote Armee böswillig sabotiert. Und diese angestrebte deutsche Hegemonie in Europa ist natürlich Voraussetzung, um auch weltweit eine zentrale Rolle zu spielen, um – früher oder später – zumindest annähernd auf Augenhöhe mit den USA zu kommen, wovon man gegenwärtig allerdings noch sehr weit entfernt ist, v.a. in militärischer Hinsicht.

Welche Interessen sind hierbei für Deutschland entscheidend? – Wirtschaftlich zunächst der Exportüberschuss. Natürlich sind die EU-Staaten der wichtigste Absatzmarkt für deutsche Waren. Das bedeutet auch, dass das deutsche Monopolkapital größtes Interesse an der Einführung des Euro hatte und nun an dessen Bestand hat – und dies in möglichst vielen EU-Staaten, wenngleich man Griechenland im Zweifelsfalls wohl aufzugeben bereit wäre.

Zum Zweiten hat Deutschland politisch größtes Interesse, Entscheidungsprozesse zu vereinfachen und zu zentralisieren, was gleichzeitig heißt, dass es für die EU- bzw. die Euro-Länder Souveränitätsverluste gibt und im Inneren derselben einen Entdemokratisierungsprozess, der durch die Scheindemokratie des EU-Parlaments natürlich keinesfalls kompensiert wird. In diesem Sinne ist es auch wichtig, Institutionen zu schaffen, die jeder demokratischen Kontrolle entzogen sind: Man hat diesbezüglich bereits die EZB, die Rüstungsagentur EDA, natürlich den dazugehörigen Konzern EADS, nächster Schritt werden die „Kontrollgremien" des ESM sein. Daran sieht man auch: Die Euro-Krise ist für Deutschland eine Gelegenheit, politische Durch- und Eingriffsrechte einzuführen, also die Vorherrschaft auszubauen. Das ist es wohl, was man sich darunter vorzustellen hat, wenn es heißt, man müsse eine „Krise als Chance" sehen.

Zum Dritten die militärische Komponente: Die EU-Armee muss einsatzfähig sein, das sollen vorerst die bekannten „Battle Groups" bewerkstelligen, was mit z.B. dem Eurokorps ja nur bedingt der Fall war. Für Besatzungsaufgaben gibt es außerdem natürlich die EUFOR-Strukturen, die bereits in Afrika und v.a. am Balkan im Einsatz waren bzw. sind. Notwendig ist hierbei jedoch noch die Emanzipation von der NATO, d.h. von den USA. Und ganz zuletzt benötigt Deutschland für die Weltmachtrolle freilich noch den Zugriff oder zumindest die Zugriffsmöglichkeit auf Atomwaffen.

Noch ein kleines Detail zur militärischen Komponente und zur für den deutschen Imperialismus nötigen Emanzipation von den USA: Natürlich muss Deutschland in diesem Kontext irgendwann noch ein weiteres „Problem“ lösen, denn fast 60.000 US-amerikanische und beinahe 20.000 britische Soldaten befinden sich als potenzielle Feindsoldaten in Deutschland, außerdem auch niederländische, belgische und natürlich französische – insgesamt sind damit etwa 90.000 ausländische Soldaten in Deutschland stationiert. – Nur zum Vergleich: In Afghanistan, doppelt so groß wie Deutschland und mehr oder minder im Kriegszustand, befinden sich momentan 90.000 US-Soldaten. Da stellt sich die Frage, ob Deutschland nicht ein besetztes Land ist…

Wenn die EU dann irgendwann endlich deutsch genug ist, kann und wird die imperialistische Hegemonialfrage global neu gestellt werden. Dabei werden alte Bündnisse, die z.T. nur noch auf dem Papier bestehen, zerbrechen und neue werden geschaffen. Die beiden Blöcke, die sich hier für die Zukunft abzeichnen, wären dann natürlich die USA, Großbritannien und Japan auf der einen Seite, ein deutsch-französisches, v.a. aber deutsches Kerneuropa andererseits. Da ist es logisch – angesichts des immensen Ungleichgewichts zwischen diesen beiden –, dass man auf deutscher Seite noch weitere Verbündete außerhalb der EU braucht, Wunschkandidaten wären diesbezüglich Russland (militärisch und aufgrund der Rohstoffsicherheit) und – falls möglich – die Türkei, auch aus geostrategischen Gründen. Schlussendlich ist aber noch zu bedenken, sollte es wirklich zu einer neuen Zuspitzung der imperialistischen Hegemonialfrage bis hin zum militärischen Konflikt kommen – was wir nicht hoffen und tunlichst verhindern wollen –, dass dann auch China ungeachtet des Gesellschaftssystems eine äußerst bedeutende Rolle spielen würde, die heute jedoch schwer einzuschätzen ist.

Kommen wir aber nun wieder direkter zurück zur EU und zu ihren Perspektiven. Welche weiteren Entwicklungsmöglichkeiten gibt es?

Entwicklungsperspektiven der EU

Viel diskutiert und umstritten ist die mögliche Entwicklung der EU vom Staatenbund zum Bundesstaat. Die EU ist klar als imperialistisches Bündnis zu charakterisieren, allerdings als ein außergewöhnlich hoch institutionalisiertes, was berechtigt die Frage aufwirft, ob nun mehr daraus werden kann, konkret so etwas wie die „Vereinigten Staaten von Europa“. Lenin hat diese bzw. diese Losung einmal als „unmöglich oder reaktionär“ bezeichnet. Und das gilt im Wesentlichen auch für den Fall der EU. – Warum?

Unmöglich ist die Variante, wonach ein gleichberechtigtes, demokratisches Miteinander der europäischen Staaten und Bevölkerungen entsteht, das wiederum eine „normale“ bürgerliche, parlamentarische Demokratie, dann eben auf supranationaler Ebene darstellt. Das ist eine Idee nicht unseres Internationalismus, sondern des Kosmopolitismus, der völlig berechtigt als bürgerliche Ideologie gilt. Und unmöglich ist diese Variante deshalb, weil wir uns auf dem Boden des Imperialismus befinden, dessen ureigenste Gesetzmäßigkeiten nun einmal nicht innerhalb seiner Grenzen aufzuheben sind. Die Konkurrenz zwischen den einzelnen nationalen Imperialismen verhindert also diese Variante.

Die andere Variante jedoch, von Lenin als „reaktionär“ bezeichnet, ist durchaus möglich. Dies wäre eine „Einigung“ zu einem zumindest formellen Bundesstaat, jedoch nicht auf gleichberechtigter Basis, sondern eben auf jener des Imperialismus – und das ist die der Macht und der Hegemonie. D.h. denkbar ist ein europäischer Bundesstaat nur als Herrschaft der Führungsmacht über die anderen und als Unterordnung der schwächeren und kleineren Staaten unter diese Macht. Denn einen anderen Imperialismus gibt es nicht, was auch seine äußere Form sein mag: Der Inhalt bleibt immer der gleiche. Die EU verfügt über kein nutzbares progressives Potenzial. Und ganz real befinden wir uns ja gegenwärtig auch im Rahmen einer solchen Entwicklung.

Eine weitere Idee, zu der ein paar Worte gesagt werden müssen, ist die der Transformation, der Umwandlung der EU in eine Sozialunion, in eine solidarische und demokratischere transnationale Gesellschaft und Gemeinschaft. Hierbei handelt es sich um alten Wein in neuen oder – genauer – in größeren Schläuchen, nämlich um eine kosmopolitisierte Variante des Reformismus und (falls von etwas Marxismus-Ähnlichem ausgegangen wird) des Revisionismus. Damit nimmt man weder den Klassencharakter noch den imperialistischen Charakter der EU zur Kenntnis. Man kann nicht den sozialen Inhalt, den Charakter einer imperialistischen Struktur verändern, sondern man muss natürlich die Struktur zerschlagen und durch eine mit neuem Inhalt ersetzen – das gilt für Staaten wie für Bündnisse, die diese bilden, und man bezeichnet einen solchen Vorgang als Revolution. Und selbst wenn man eine EU-Transformation für möglich erachten möchte, sollte man das Pferd nicht von hinten aufzäumen. Ein solcher Prozess könnte nur von der Ebene der Nationalstaaten ausgehen, denn andernfalls, wie bereits erwähnt, würde die EU tatsächlich in eine antiimperialistische Richtung transformiert werden – durch eine linke Mehrheit im EU-Parlament vielleicht? –, so würde sie seitens der imperialistischen Staaten schlichtweg aufgelöst und durch Besseres ersetzt. Der Imperialismus lässt sich nichts wegtransformieren, egal wie energisch das Rufzeichen hinter „transform" ist.

Möchte ich also ein anderes Europa, ein soziales, solidarisches und demokratisches oder gar ein sozialistisches, so wird man einen anderen Weg beschreiten müssen.

Eine Strategie gegen die EU und den Imperialismus

In Österreich haben wir es da gewissermaßen ein bisschen leichter. Österreichs Position hat in der EU einen Doppelcharakter: Es ist zwar einerseits teilweise abhängig von den imperialistischen Großmächten, v.a. von Deutschland, andererseits spielt Österreich, insbesondere in Ost- und Südosteuropa, seine eigene imperialistische Rolle, die nicht zu unterschätzen ist. Die konsequenten österreichischen Kommunisten (d.h. die Kommunistische Jugend, die KPÖ-Landesorganisation Steiermark und die Kommunistische Initiative) sowie auch einige andere antiimperialistische Linke verfolgen eine Strategie und eine Agitation, die den EU-Austritt Österreichs fordert. Dies natürlich nicht zugunsten eines souveräneren nationalen Kapitalismus im Sinne z.B. der Schweiz, sondern selbstverständlich auf Basis einer antiimperialistischen und antimonopolistischen Gesamtstrategie. D.h. es kann natürlich nicht nur darum gehen, sich dem durch die EU vermittelten großimperialistischen Druck zu entziehen, was auch nur bedingt möglich wäre (eben siehe Schweiz), sondern der EU-Austritt muss freilich einher gehen mit antimonopolistischen Veränderungen im Inneren des Landes sowie mit dem Ende des imperialistischen Raubzuges im Osten und Südosten – womit wir auch bei den internationalen Beziehungen wären: Ein EU-Austritt Österreichs wäre für die EU ja halbwegs zu verkraften. Daher bedarf es natürlich der internationalistischen Komponente, dass Ähnliches in anderen EU-Ländern geschieht (in Griechenland oder Portugal gibt dafür durchaus relevante Ansätze), dass es also eine Art Dominoeffekt gibt und dass mit diesen Staaten neue, solidarische Beziehungen auf Augenhöhe zu ermöglichen wären. Es bedürfte dann quasi einer „europäischen ALBA“ als Gegenprojekt zur imperialistischen EU, die ja weiterbestünde und auf Austrittsländer auf progressivem Entwicklungsweg natürlich nicht allzu gut zu sprechen wäre. Und auch global müssten man sich Verbündete suchen, gegenwärtig wären diese logischerweise in Lateinamerika und Ostasien zu finden, was leider denn doch recht weit weg ist. Insgesamt müsste dies also zur Eindämmung und zur schließlichen Zerschlagung der EU führen, womit dem Imperialismus ein wichtiges Werkzeug genommen wäre. So der Plan – die Umsetzung dauert wohl noch ein bisschen...

Mit Deutschland ist es nun ein wenig anders. Hier kann man nicht so einfach den EU-Austritt fordern. In Österreich, Finnland, Griechenland oder Portugal kann man natürlich leicht sagen: „Gegen das Brüsseler Diktat!“ – In Deutschland geht das so nicht, denn Deutschland ist das Brüsseler Diktat. Die EU ist zum Gutteil oder sogar vornehmlich ein Werkzeug gerade des deutschen Imperialismus. Aus internationaler Sicht wäre ein EU-Austritt Deutschlands aber natürlich wünschenswert, denn dann ist die EU sofort kaputt und Geschichte. Diese besondere Position Deutschlands bedeutet, dass eine etwaige antimonopolistische Bewegung in Deutschland schon ganz andere, nämlich weiter reichende neue Kräfteverhältnisse schaffen muss, bevor man die EU zerstören kann. Der Unterschied ist: In Österreich ist der EU-Austritt geradezu der Ansatzpunkt, als Forderung und Losung der Anfang einer möglichen antimonopolistischen Bewegung – ebenso z.B. in Griechenland. Aber in Deutschland wäre das vermutlich eher ein Ergebnis, vielleicht sogar ein Endpunkt, bevor es um die sozialistische Revolution geht.

Das bedeutet jedoch keineswegs, dass deutsche Linke, gar Marxisten, nicht Position für den EU-Austritt Deutschlands beziehen können. Das können sie sehr wohl, denn sie machen es ja mit einer imperialismustheoretischen Einsicht: Das Ende der EU schwächst nicht nur den Imperialismus insgesamt, sondern nicht zuletzt den deutschen Imperialismus. In einer breiten Agitation, als antimonopolistische Losung, wie gesagt, befürchte ich hingegen gewisse Schwierigkeiten, denn da wäre mehr zu erklären – womöglich ist es hierzulande einfacher, gleich von deutschen Konzernen und deutschen Banken, von der Bundeswehr und von Hartz-4 zu sprechen, ohne Brüsseler Umweg.

Dies nur als Gedanken am Rande, nachdem ich schon Mal hier bin, in Wirklichkeit geht es mich ja nur bedingt etwas an. Denn das sind natürlich Fragen, die in Deutschland zu diskutieren, zu klären und zu beantworten sind – und nicht mittels guter Ratschläge aus Wien.

Antiimperialismus, Antimonopolismus und Sozialismus

Zum Schluss noch ein paar – hoffentlich klärende – Worte zur antimonopolistischen Strategie und zum Sozialismus, nachdem es da zuletzt ein wenig Verwirrung gab, v.a. rund um den Terminus der antimonopolistischen Demokratie.

Zunächst: Eine antimonopolistische Strategie ist ja kein Selbstzweck, sondern sie soll die Ausgangsbedingungen für den Kampf um den Sozialismus verbessern. Es ist eine Strategie in Richtung Sozialismus, ein Weg zur sozialistischen Revolution, aber sie ersetzt diese natürlich nicht. Ein solcher Weg kann – er kann! – über die Etappe der so genannten antimonopolistischen Demokratie führen. Er muss aber nicht. Und daher – und das ist wichtig – ist die antimonopolistische Demokratie keinesfalls ein Ziel an sich, geschweige denn eine taugliche Losung. Der Begriff kann eine noch-kapitalistische Übergangsphase bezeichnen, in der das Kräfteverhältnis bedeutend zuungunsten der Monopole und des Imperialismus verschoben ist, deren schließlicher Ausgang aber noch durchaus unsicher ist. Und der insbesondere dann unsicher ist, wenn es nicht sozialistische und kommunistische Kräfte gibt, die weiter für die Überwindung des Kapitalismus und daher für den Sozialismus arbeiten.

Das zeigt auch, dass es sich in Deutschland und Österreich gegenwärtig um eine recht theoretische oder sogar hypothetische Diskussion handelt, denn von einem starken sozialistischen und kommunistischen Pol in der Gesellschaft sind wir beiderorts recht weit entfernt. Ohne diesen revolutionären Kern wird es auch keinen praktikablen antiimperialistischen und antimonopolistischen Pol geben können, der seine Aufgaben entsprechend erfüllen kann. Nicht falsch verstehen: Natürlich ist es wichtig, eine richtige Strategie zu haben, um strategische Ziele zu erreichen – „Ohne revolutionäre Theorie kann es auch keine revolutionäre Bewegung geben", sagt Lenin. Aber Marx sagt: „Jeder Schritt wirklicher Bewegung ist mehr wert als ein Dutzend Programme." Recht haben natürlich beide, aber wir können daraus aktuelle Aufgaben ablesen.

Es bedarf der Etablierung einer stärkeren und einflussreicheren sozialistischen und kommunistischen Bewegung – das gilt auf beiden Seiten der Zugspitze –, auf Basis einer ideologischen Klarheit und Einheit, die sich ergibt aus den Grundpositionen des Marxismus-Leninismus, damit auch des Klassenkampfes und der Revolution, des Antiimperialismus und Internationalismus sowie des Antirevisionismus. Es gibt also definitiv noch genug zu tun, bevor wir Gefahr laufen, unversehens in einer antimonopolistischen Demokratie zu landen, ohne zu wissen, was das ist.

Und ganz zum Schluss – jetzt aber wirklich – noch Folgendes: Auch das Ziel eines EU-Austritts und der Zerschlagung der EU scheint ja nicht allzu nah zu sein. Zumindest für den wahrscheinlichen Fall, dass es den imperialistischen Führungsmächten gelingt, die Krise halbwegs ordentlich zu durchtauchen (was aber noch keineswegs gesagt ist). In anderen Ländern, namentlich in Griechenland, war man da schon weiter, und es bedurfte umfassender Kraftanstrengungen – griechischer und internationaler –, um die KP Griechenlands, die für eine antiimperialistische EU-Austrittsbewegung agiert, einzuschränken. Letzten Endes ist es wohl indirekt der (angeblich „linksradikalen") SYRIZA zu verdanken, dass das griechische Volk nun weiterhin von den eigenen Eliten und den westeuropäischen Imperialismen ausgeblutet werden kann. Daraus ist ein Schluss zu ziehen: Wenn es wirklich um Antiimperialismus geht, um Antikapitalismus statt Kapitalismuskritik, um Arbeiterpolitik, Klassenkampf und Aufbau der Volksmacht – dann sind die Parteien der so genannten „Europäischen Linken" nicht nur hinderlich, sondern (ob gewollt oder nicht) Erfüllungsgehilfen des Imperialismus und der EU. Insofern der abschließende Ratschlag: Man möge sich gut überlegen, wo man mitmacht und wo nicht. Und man möge bedenken, dass nicht das Etikett, sondern der Inhalt den Charakter einer Organisation, einer Partei oder einer internationalen Struktur bestimmt.

Text nach den Vortragsunterlagen; im Internet veröffentlicht auf www.theoriepraxis.wordpress.com am 1. August 2012.

Österreich und die EU als zweiter „Anschluss" an den deutschen Imperialismus

Referat auf der III. Konferenz „Der Hauptfeind steht im eigenen Land!", Schwerpunkt: „Heim ins Reich? – Deutsche Volksgruppenpolitik", Göttingen, 2.-5. Juni 2011

Mit dem vorgegebenen Titel des Vortrages lehnt man sich recht weit hinaus aus dem Fenster – man sollte ihn daher vielleicht zumindest gedanklich durch ein Fragezeichen ergänzen. Wir werden in weiterer Folge sehen, ob die Formulierung tatsächlich den Fakten und Analysen zur Gänze entsprechen kann.

Vorab sind einige Begrifflichkeiten und dementsprechende Zuschreibungen abzuklären, damit keine Missverständnisse vorherrschen. Wir wollen uns grundsätzlich im Rahmen der marxistisch-leninistischen Imperialismustheorie bewegen. Als unbedingte erweiternde Bestandteile dieser Imperialismustheorie sind – vor allem beim vorliegenden Betrachtungsgegenstand – jedoch die dazugehörige Faschismustheorie sowie die marxistisch-leninistischen Anschauungen zur Nation und zur nationalen Frage einzubeziehen. Nötig sind außerdem zunächst noch einleitende Worte zum österreichischen Imperialismus und zur Europäischen Union und ihrem Charakter.

Österreich ist ein im Vergleich zu den europäischen Hauptmächten kleines, aber durchaus effektives, effizientes imperialistisches Land. Wir sind gewohnt, im Vergleich zwischen der BRD und Österreich immer mit dem Faktor 10 zu rechnen, in einigen ökonomischen Betrachtungen des österreichischen Imperialismus wäre dies aber unzutreffend. Der österreichische Imperialismus, der sich Ende des 19., Anfang des 20. Jahrhunderts natürlich langsamer entwickelte als jener Deutschlands, Großbritanniens oder Frankreichs, ist in seinem Anspruch trotzdem klassisch überdimensioniert. Das hat den simplen Grund, dass alle seine Einrichtungen im Jahr 1914 für den damals flächenmäßig zweitgrößten Staat Europas mit über 50 Millionen Einwohnern angelegt waren. 1918 aber blieb dem österreichischen Kapital plötzlich nur noch der bekannte „Rumpfstaat", der damals sieben, heute über acht Millionen Einwohner hat – und dies auf einer Fläche, die kleiner ist als Bayern. Dies hatte einerseits eine gewisse Identitätskrise zur Folge, andererseits beförderte dies den festen

Glauben – und die ökonomische Notwendigkeit – einer österreichischen Mission in Ostmittel- und Osteuropa sowie am Balkan, also in den nichtdeutschsprachigen Gebieten des ehemaligen Habsburgerreiches. Die Konsequenzen werden wir noch eingehender beleuchten. Faktum ist aber indessen, wenn es einen eigenständigen österreichischen Imperialismus gibt, dass auch der Hauptfeind der österreichischen Arbeiterklasse, der antiimperialistischen Linken, der Kommunisten, im eigenen Land, in Wien steht, nicht in Brüssel, nicht in Berlin – und, was man bei Österreich immer dazu sagen muss: auch nicht in Belgrad. Und doch gibt es zu dieser Feststellung gewisse Einschränkungen, die eben mit der EU, aber auch mit der BRD zu tun haben.

Die EU ist, so wie ich es sehe, ein imperialistisches Bündnis. D.h. ein zweckmäßiges, begrenztes Übereinkommen verschiedener imperialistischer Staaten, das dem Kriterium dieser Zweckmäßigkeit unterliegt und in dem diese verschiedenen imperialistischen Staaten auch verschiedene Ziele und Interessen verfolgen. Wie in jedem Bündnis sind die realen Machtverhältnisse – daran ändert kein Vertrag etwas – ungleich verteilt, entsprechend den ökonomischen, finanziellen und militärischen Potenzen. Natürlich sind die imperialistischen Hauptmächte in der EU Großbritannien, Frankreich und die BRD, letztere in den vergangenen beiden Jahrzehnten zunehmend mit dem Anspruch der Führungsrolle. Was es also nicht gibt und wohl auch nicht geben kann, das ist ein einheitlicher, homogener, zusammen verschmelzender „EU-Imperialismus", der einer ultraimperialistischen Vorstellungen entspräche. Was es aber gibt – und in diesem Sinne verwende ich den Terminus –, das ist ein EU-Imperialismus als Konglomerat verschiedener, manchmal auch einander widersprechender und ungleich gewichtiger imperialistischer Interessen.

Vor diesen beiden Hintergründen - Österreich als eigenständige imperialistische Macht einerseits, die EU als imperialistisches Bündnis entsprechend realen Machtverhältnissen andererseits – ist Österreichs Position durch einen Doppelcharakter zu beschreiben. Trotz seiner geringen Größe ist Österreich einer der effektivsten imperialistischen Aggressoren in Ost- und Südosteuropa, zumeist nur ökonomisch, am Balkan auch militärisch. Wichtigstes Vehikel hierfür ist die EU. Andererseits ist Österreich als kleinerer imperialistischer Staat zum Teil abhängig von den imperialistischen Großmächten

Europas, insbesondere von der BRD. Das Vehikel der BRD für den dritten Anlauf zur großdeutschen Neuordnung Europas ist ebenfalls die EU. In Österreich ist daher, wenn man so will, der imperialistische Hauptwiderspruch gegenwärtig durch die Existenz der EU und Österreichs Mitgliedschaft in derselben markiert. Demgemäß propagieren verschiedene marxistisch-leninistische Organisationen in Österreich übrigens den EU-Austritt Österreichs, der jedoch Teil einer antimonopolistischen Gesamtstrategie sein muss, die auch ihre Auswirkungen im Inneren haben sollte.

So viel an einleitenden Worten. Auf diesen Grundlagen, von denen einige später noch zu erläutern sind, ist also alles Weitere zu verstehen. Meine Vorgehensweise sieht nun eine Auffächerung in die Bereiche Politik, Ideologie und Ökonomie vor, die selbstredend miteinander verbunden sind.

1. Zur Historie der deutsch-österreichischen Beziehungen

Zunächst ein wenig zurück in der Geschichte. Die mitunter schwierigen deutsch-österreichischen Beziehungen kennen drei wichtige Daten aus dem 19. Jahrhundert, nämlich die Jahre 1848, 1866 und – in einer konsequenten Folgerichtigkeit – 1871.

1848 wäre prinzipiell eine „gesamtdeutsche“, d.h. großdeutsche bürgerliche Revolution möglich gewesen. Diese ist bekanntlich gescheitert. Tatsache ist jedoch, dass schon damals die österreichische Bourgeoisie ohnedies eine gewisse Reserviertheit an den Tag gelegt hatte: Denn für sie waren die österreichischen Gebiete im Osten und Südosten, die von Ungarn, Slawen und Italienern bewohnt waren, von größerem ökonomischen Interesse als das fragmentierte Deutschland im Norden und Nordwesten. Mit der Niederschlagung der Revolution fand sich die österreichische Bourgeoisie somit nahtlos wieder ein im dynastisch begründeten Staatswesen Österreichs. Diese Orientierung verstärkte sich mit der Niederlage im österreichisch-preußischen Krieg von 1866, und mit der deutschen Reichsgründung 1871 unter Ausschluss Österreichs (bzw. Österreichs deutschsprachiger Gebiete) wurden Fakten geschaffen. Waren aber damit die politischen und imperialistischen Interessen seitens Berlins und Wiens klar abgesteckt, so konnte in weiterer Folge die Bündniskonstellation Gestalt annehmen. Sie wurde schlagend im Sommer 1914, als man gemeinsam den Ersten Weltkrieg vom Zaun brach:

Deutschland, um, wie es heißt, seinen Platz an der Sonne einzunehmen, d.h. um wirklich welt- und kolonialpolitisch zu Großbritannien und Frankreich aufzuschließen, Österreich, um seinen Herrschaftsbereich und Einfluss in Ost- und Südosteuropa nicht nur zu erhalten, sondern möglichst noch auszudehnen.

Beide Zielsetzungen wurden bekanntlich verfehlt – und so kennt auch das 20. Jahrhundert drei relevante Jahreszahlen, die für die deutsch-österreichischen Beziehungen von größter Bedeutung sind, nämlich die Jahre 1918, 1938 und 1945.

1918 markiert für die österreichische Bourgeoisie eine mittlere Katastrophe. Zwar wurde man vor der größten Katastrophe, nämlich vor der drohenden sozialistischen Revolution, durch die Sozialdemokratie gerettet, doch verlor man den Status als imperialistische Großmacht und über 87% seines bisherigen Staatsgebietes. Den Großteil davon zurecht, nämlich gemäß dem Selbstbestimmungsrecht der Völker, den kleineren Teil, Südtirol und das Sudetenland, unter der Begleiterscheinung, dass künftige Krisenherde geschaffen wurden. Unter diesen Bedingungen setzte in „Restösterreich" die Anschlusspropaganda ein, die sowohl von der bürgerlichen Hauptpartei, den Christlichsozialen, als auch von der Sozialdemokratie getragen wurde. Die „Hauptthese" bestand in einer angeblich nicht gegebenen „Lebensfähigkeit" des kleinen Staates – in Wirklichkeit ging es freilich um die existenziellen imperialistischen Grundbedürfnisse der österreichischen Bourgeoisie, für die keine ausreichende Basis mehr vorhanden zu sein schien.

Die neue, die 1. österreichische Republik, die sich im Herbst 1918 konstituierte, wurde auch entsprechend den nationalen Ansichten von SP und CSP „Deutschösterreich" genannt, und sie erklärte sich zum Bestandteil der deutschen Republik. Dieses Ansinnen wurde jedoch im Vertrag von Saint-Germain – das österreichische Gegenstück zum Versailler Vertrag für Deutschland – von den Entente-Mächten untersagt. In weiterer Folge kam es zu einer regelrechten Spaltung in der österreichischen Bourgeoisie: Die einen – die „Großdeutschen" – orientierten weiterhin auf den direkten Anschluss an Deutschland, die anderen auf die staatliche Selbständigkeit Österreichs, zwar mit Deutschland als Bündnispartner, aber auch mit anderen. Deutschnational waren jedoch beide Fraktionen, wie wir später noch sehen werden.

Um es ganz konkret zu machen, so war die großdeutsche Ausrichtung v.a. in der Stahl- sowie generell in der Schwerindustrie maßgeblich, während sich das Bankkapital eher am britischen und französischen Imperialismus orientierte. Der Großgrundbesitz sah seinen ersten Verbündeten in Italien.

Diese Spaltung in verschieden orientierte Kapitalfraktionen führte zur eigentümlichen Situation, dass wir es in weiterer Folge, in den 1920er und 30er Jahren, mit dem Nebeneinander nicht nur ihrer grundlegenden Ausrichtungen zu tun haben, sondern auch mit dem Nebeneinander zweier konkurrierender Faschismen, die ihnen entsprachen: Einerseits mit dem Austrofaschismus, der aus der Christlichsozialen Partei sowie aus der ursprünglich weißgardistischen Heimwehr-Bewegung kam, im Inneren massiv von der katholischen Kirche unterstützt wurde, außenpolitisch von Mussolini; andererseits mit dem österreichischen Ableger der deutschen NSDAP. Der Austrofaschismus kam 1933 an die Macht und konnte sein vollständiges faschistisches Diktaturregime im Februar 1934 nach dem kurzen Bürgerkrieg gegen die Arbeiterbewegung errichten. Im austrofaschistischen Staat waren nicht nur Sozialdemokratie und KPÖ illegal, sondern auch die NSDAP – ein Putschversuch im Juli 1934 schlug fehlt, kostete jedoch Kanzler Dollfuß das Leben.

In den folgenden Jahren geriet Österreich unter zunehmenden Druck Deutschlands, mit dem berüchtigten „Berchtesgadener Abkommen“ vom Februar 1938 wurde der austrofaschistische Kanzler Schuschnigg von Hitler u.a. gezwungen, NSDAP-Leute in die Regierung aufzunehmen und den Generalstabschef, der einen Verteidigungsplan für den Fall einer militärischen Invasion durch die Wehrmacht erstellt hatte, zu entlassen. Folgerichtig und absehbar kommt es im März 1938 eben zur militärischen Okkupation Österreichs durch die deutsche Armee und zur Annexion Österreichs durch Deutschland. Das eine faschistische Regime wird durch ein anderes faschistisches Regime ersetzt, doch darüber hinaus handelte es sich auch um den Beginn der deutschen Fremdherrschaft in Österreich.

Doch das ist nur die eine Seite, denn unmittelbar vor der Okkupation kam es in Österreich bereits zur partiellen Machtübernahme durch österreichische Nationalsozialisten. Diese hatte jedoch nicht Bestand, alle wichtigen Funktionen in Österreich wurden später, zum Teil recht bald, in die Hände deutscher NSDAP-Mitglieder gelegt. Die Beteiligung österreichischer Nazis am NS-Regime blieb trotzdem überdurchschnittlich und ging klar über den „normalen Grad“ einer Kollaborationstätigkeit hinaus, weswegen der reine "Opfermythos", der in Österreich bis heute gepflegt wird, natürlich falsch ist. Völlig richtig ist 1943 in der Moskauer Deklaration der Anti-Hitler-Koalition die österreichische Mitschuld am Krieg und an den deutsch-faschistischen Verbrechen festgehalten.

Die deutsche Fremdherrschaft endete, nachdem bereits zuvor, am 13. April 1945, Wien von der Roten Armee befreit worden war, mit der Unabhängigkeitserklärung Österreichs durch die Provisorische Regierung vom 27. April 1945, also noch vor Kriegsende. Die völlige Souveränität Österreichs wurde zehn Jahre später wiederhergestellt, mit dem Abzug der alliierten Besatzungstruppen und der Unterzeichnung des Staatsvertrages vom 15. Mai 1955 durch Österreich einerseits, die UdSSR, die USA, Großbritannien und Frankreich andererseits. Im diesem Staatsvertrag, der ein völkerrechtlicher Vertrag ist, ist in Artikel 4 übrigens auch das Verbot jeder politischen oder wirtschaftlichen Vereinigung Österreichs mit Deutschland festgeschrieben. Als Ergänzung bzw. als Bedingung des Staatsvertrages erfolgte am 26. Oktober desselben Jahres die Neutralitätserklärung Österreichs – diese Erklärung hat im Gegensatz zum Staatsvertrag keine völkerrechtliche Absicherung, sondern war ein einseitiger Akt Österreichs.

Die imperialistische „Westeinbindung“ Österreichs hat dieses Neutralitätsgesetz natürlich nicht verhindert. Ab 1948 hatte man am ERP („Marshallplan“) teilgenommen und war 1960 dementsprechend Gründungsmitglied der OECD. Ebenfalls 1960 war Österreich Gründungsmitglied der EFTA. In beiden Organisationen war man in Gesellschaft mehrerer NATO-Staaten sowie des damals faschistischen Staates Portugal. Die Neutralität, die als Zugeständnis an die UdSSR in Wirklichkeit bloß eine formelle Bündnisfreiheit bedeutete, verhinderte lediglich die NATO-Mitgliedschaft sowie – vorerst – jene in den EG. Dass Österreich aber politisch, ökonomisch sowie auch militärstrategisch überall eingebunden war, ist dennoch Faktum. Es wäre auch absurd, zu glauben, es hätte eine tatsächliche Neutralität zwischen Imperialismus und Sozialismus geben können.

1989, als sich in Moskau und weiterer Umgebung bereits einiges tat, kam die österreichische Regierung, damals wie heute eine „große Koalition", zur neuen Auffassung, dass die EG-Mitgliedschaft doch mit der Neutralität vereinbar sein könnte - das Parlament stimmte für die Aufnahme von Beitrittsverhandlungen. Nach deren Abschluss votierten 1994 – übrigens das Jahr, in dem Österreich auch der NATO-PfP beitrat – bei einer Volksabstimmung zwei Drittel der Bevölkerung für den Beitritt Österreichs zur EU, mit 1. Januar 1995 wurde dieser offiziell.

Welche wirklich materiellen, ökonomischen und politischen Konsequenzen im Sinne des Vortragstitels dies hatte und hat, betrachten wir später genauer, zunächst noch ein kurzer ideologischer Exkurs zur Frage nationaler deutscher, österreichischer und europäischer Identitäten, die in all diesen Angelegenheiten mitspielen.

2. Nationale Identitäten in Österreich und Europa

Ich habe es schon kurz angerissen, am Ende bzw. nach dem Ersten Weltkrieg stellte sich in Österreich die nationale Frage neu. Lag vor dem Krieg ein Vielvölkerstaat unter deutschsprachiger, später deutschsprachiger und ungarischer Dominanz vor, der unweigerlich bersten musste, so blieb mit dem österreichischen Kernland nun eine ethnisch relativ homogene Einheit mit bloß kleinen Minderheitengruppen übrig. Und die Identität der österreichischen Mehrheitsbevölkerung war als zweifelfrei deutsch festgelegt, was auch unter den politisch relevanten Kräften zunächst weitgehend unbestritten blieb.

Die österreichische Sozialdemokratie erachtete den Anschluss an die Weimarer Republik als nötigen Abschluss der demokratischen Revolutionen von 1918, 1927 schrieb Otto Bauer die Anschlussforderung nochmals in das berühmte „Linzer Programm" der SDAPÖ. Diese Position hatte übrigens die bequeme Nebenwirkung, dass mit ihr die sozialistische Revolution nur in Österreich für unmöglich erklärt werden konnte.

Für die österreichischen bürgerlichen politischen Parteien bestand ebenfalls kein Zweifel daran, dass die Österreicher ein Stamm des deutschen Volkes seien. Auch hier versprach man sich einen Nutzen aus dieser ideologischen Position, denn mit einem großen Deutschland als Heimatbasis sah man sich für imperialistische Ziele weitaus besser gerüstet als vom österreichischen Reststaat aus.

Nach der erwähnten Untersagung des Anschlusses an Deutschland blieben die ideologischen Positionen und Zielsetzungen in der nationalen Frage seitens der Sozialdemokratie und der Bürgerlichen unverändert. Dies setzte sich bis in den Austrofaschismus fort: Der so genannte „Ständestaat" unter Dollfuß und Schuschnigg definierte sich explizit als „deutscher Staat", noch mehr: man sah sich als der bessere deutsche, sozusagen als der „deutschere" Staat gegenüber NS-Deutschland.

In dieser Zeit, 1936/37, begann man in der KPÖ mit einer Neuaufrollung der nationalen Frage in Österreich. Im Auftrag des ZKs kam Alfred Klahr zu dem Ergebnis, dass schon seit dem 19. Jahrhundert – die wesentlichen Daten 1848, 1866 und 1871 habe ich erwähnt – Österreich eine eigenständige Entwicklung, unabhängig von der deutschen Nation genommen hatte. Nochmals festgelegt 1918, hätte sich dies in der Ersten Republik fortgesetzt – und man könne daher davon sprechen, dass sich eine eigenständige österreichische Nation herausgebildet hätte. Mit dieser Ansicht blieben die österreichischen Kommunisten im eigenen Land vorerst allein, jedoch die Komintern, die KPD, die KPdSU schlossen sich diesem Standpunkt an. Den Widerstand gegen die NS-Okkupation konnten die Kommunisten daher nicht nur als antifaschistischen Kampf, sondern als nationalen Freiheitskampf sehen. Vor diesem Hintergrund ist es kein Zufall, dass gerade die Kommunisten auch den Hauptbeitrag im Widerstand gegen den NS-Faschismus in Österreich leisteten.

Ein Umdenken bei der österreichischen Sozialdemokratie und bei den ehemaligen Christlichsozialen bzw. Austrofaschisten setzte erst nach der Moskauer Deklaration ein: Nicht aus Überzeugung, sondern aufgrund der Faktenlage und der Chancen, die ihnen dadurch geboten wurden. Und so brachte das Jahr 1945 in Österreich ganz Erstaunliches hervor: Schlagartig gab es in Österreich nicht nur kaum noch NS-Sympathisanten, sondern auch keine Deutschnationalen mehr: Die Nachfolgeparteien der beiden Großparteien der Ersten Republik, die SPÖ und die ÖVP, taten nun so, als hätten sie nie von etwas anderem als einem selbständigen Österreich geträumt und waren jetzt stolze Österreicher. Und auch in der österreichischen Bevölkerung hatten die Jahre 1938 bis 1945 jede Lust am Anschluss an Deutschland pulverisiert. Tatsächlich bildete sich in den folgenden Jahrzehnten ein österreichisches Nationalbewusstsein heraus, heute ist die Existenz einer eigenständigen österreichischen Nation weitgehend unbestritten.

Nur eine Ausnahme gibt es: 1949 wurde als politische Bewegung ehemaliger Nazis und Deutschnationaler der „Verband der Unabhängigen“ (VdU) gegründet, der bereits ein Jahr später in den Nationalrat einzog und aus dem 1955 die FPÖ hervorging. Diese politische Bewegung, die gemeinhin als das „dritte Lager“ bezeichnet wird, ist im Kern bis heute deutschnational, ihre bekannteste Führungsperson, Jörg Haider, bezeichnete Österreich einmal äußerst entlarvend als „ideologische Missgeburt“. Nicht in der großen Anhängerschaft der FPÖ - hier besteht eher Indifferenz bzw. ein Österreich-Patriotismus –, aber unter ihren ideologischen Führungskadern besteht kein Zweifel an der deutschen Nationalität der Österreicher.

Natürlich war dieser deutschnationalen Minderheit im Laufe der zweiten Hälfte des 20. Jahrhunderts klar geworden, dass es keine Möglichkeit eines abermaligen direkten Anschlusses an Deutschland gab. Und so begann man, strategisch nicht unklug, die „Europa-Idee“ für seine Zwecke zu instrumentalisieren. Tatsächlich war die FPÖ jene Partei, die als erste im österreichischen Nationalrat einen Antrag für Beitrittsverhandlungen mit den EG einbrachte.

Dies korrelierte bestens mit der Orientierung des BRD-Imperialismus. Denn auch der dritte deutsche Anlauf, die imperialistische Hegemonialfrage endlich zu Gunsten des deutschen Monopol- und Finanzkapitals zu entscheiden, sollte und soll nun unter „demokratischen Verhältnissen“ und mithilfe des Vehikels EU gelingen. Über die faktische Vorherrschaft – die Politiker sagen lieber „Führungsrolle“ – in der EU soll der Weg zur tatsächlichen Weltmachtposition gelingen. Bei diesem deutschen Unterfangen soll der österreichische Rattenschwanz als Juniorpartner freilich nicht fehlen. Und so ist die Situation ironischer Weise in Wirklichkeit kaum anders als 1914 oder 1938. Die Bündniskonstellation soll – im Rahmen der EU – institutionalisiert werden, es soll u.a. auch gemeinsame militärische Verbände geben, wie sie am Balkan bereits Realität sind, und letztlich sieht man sich in Österreich als Fixstarter im künftigen deutschen Kern-EUropa.

Den deutschnationalen Gruppen in Österreich kommt eine solche Orientierung von SPÖ und ÖVP äußerst gelegen. Die Grenzen, auch die politischen, zwischen Deutschland und Österreich sollen verschwimmen, so dass der fehlende direkte Anschluss zunehmend keine Rolle mehr spielt. Dass gerade die FPÖ sich heute als EU-Kritikerin geriert, hat letztlich bloß opportunistische, wahltaktische Gründe.

Kleiner Exkurs: Das Ganze hat seine Entsprechung im Kleinen in Österreich, nämlich in Bezug auf Südtirol, wo die Vorgehensweise schon fortgeschritten ist. Nicht nur deutschnationales und rechtsextremes, sondern mitunter auch konservativ-bürgerliches Programm war und ist z.T. natürlich die „Wiedervereinigung" ganz Tirols. Auch hier ist klar, dass das ursprüngliche Ziel, das zum Teil auch gewaltsam verfolgt wurde, das Ziel der Lostrennung Südtirols von Italien und sein Anschluss an Österreich, nicht realistisch ist. Zwischenzeitlich und bis heute gab es die unbefriedigende Lösung des Autonomiestatuts, heute hilft das Vehikel EU: Man hat 1998 die „Europaregion Tirol-Südtirol-Trient" geschaffen, die regelmäßig gemeinsame, quasi-gesamttirolerische Landtage abhält. Und momentan wird in Österreich diskutiert, ob man nicht allen Südtirolern neben der bestehenden italienischen auch die österreichische Staatsbürgerschaft verleihen kann, womit die Südtiroler sodann Doppelstaatsbürger wären. Das staatliche österreichische Fernsehen, der ORF, hat jedenfalls Südtirol schon wieder eingegliedert, einerseits auf seinen Wetterkarten, andererseits produziert der ORF nicht nur eine tägliche Regionalsendung für jedes der neun österreichischen Bundesländer, sondern auch eine für Südtirol. Das ist vom Prinzip her schon annähernd so, als hätte die ARD auch einen dritten Kanal für Österreich…

Doch genug davon, nun zur Bedeutung des EU-Beitritts für den österreichischen Imperialismus – und zu den Konsequenzen in Bezug auf das Verhältnis zum BRD-Imperialismus.

3. Deutsch-österreichische Kapitalbeziehungen im Lichte des EU-Beitritts

Ich habe eingangs gesagt, die EU sei ein imperialistisches Bündnis. Damit versteht sich von selbst, dass die EU natürlich nicht für jene kosmopolitischen Illusionen steht, die ihr manche zuschreiben oder zuschreiben wollen: Es geht nicht darum, ob man als Österreicher ohne Grenzkontrolle übers deutsche Eck zwischen Salzburg und Tirol fahren kann, oder ob deutsche und österreichische Adriaurlauber endlich kein Geld mehr wechseln und in der Pizzeria umrechnen müssen. Das sind nur Begleiterscheinungen, natürlich geht es um wesentlich Handfesteres.

Als Einrichtung des westeuropäischen Monopolkapitals hat die EU v.a. für die Bündelung politischer, ökonomischer und militärischer Potenzen zu sorgen. Sie muss die ungehemmte Kapitalentfaltung optimieren, sie muss im Inneren gegen jedwede emanzipatorische Bewegung vorgehen können, sie muss nach Außen interventionsfähig werden. Doch diese gemeinsamen Interessen heben die grundsätzliche Konkurrenzsituation zwischen den einzelnen imperialistischen Staaten in der EU keineswegs auf. Und so befinden wir uns eher in einer Zeit der EU-Entwicklung, wo deren Charakter als ein Instrument bei der Neuaufteilung imperialistischer Einflusssphären deutlich wird.

Für den österreichischen Imperialismus gilt: Ohne den eigenen EU-Beitritt und ohne den EU-Beitritt der osteuropäischen und Balkan-Staaten hätte er niemals so erfolgreich in all diesen Gebieten einmarschieren können. In Ungarn, Tschechien, der Slowakei, Slowenien und Rumänien, im baldigen EU-Mitglied Kroatien sowie in den nicht ganz so baldigen EU-Mitgliedern Serbien und Bosnien-Herzegowina nimmt das österreichische Kapital eine Spitzenstellung, zum Teil sogar eine dominante Stellung ein. Das österreichische Kapital kontrolliert große und bedeutende Teile des Bankensektors in diesen Ländern, des Kommunikationssektors, der Öl-, Gas- und Treibstoffbranche, der Bau- und Baustoffwirtschaft oder des Einzelhandelsbereiches. Österreichs Kapital steht im Wesentlichen wieder da – im ganz wörtlichen geographischen Sinn –, wo man 1914 gestanden ist. Und in den letzten Jahren zeigte sich, dass dieses Osteuropa- und Balkanengagement des österreichischen Kapitals der Brückenkopf in die Türkei, in weiterer Folge ans Kaspische Meer sein soll. Spätestens das aber ist für den österreichischen Imperialismus nicht mehr alleine zu bewerkstelligen. Man braucht Partner, die natürlich aus den größeren EU-Staaten, zumeist aus der BRD kommen.

Vor dem EU-Beitritt Österreichs waren einige Vorbedingungen zu erfüllen. Eine davon war die weitgehende Auflösung des großen staatlichen Wirtschaftssektors, also ein umfassendes Privatisierungsprogramm, das bis heute anhält. Der Hauptnutznießer dessen war und ist das deutsche Monopolkapital, das jedoch auch einige große Privatunternehmen übernehmen konnte: Österreichs größte Supermarkt- und Drogeriekette (Billa/Merkur/Bipa) ging an den REWE-Konzern; Österreichs Fluglinie, die AUA, ging an die Lufthansa. Österreichs größte Bank, die über mehrere Fusionsschritte geschaffene Bank Austria-Creditanstalt, ging an die HypoVereinsbank (die wurde dann allerdings selbst Opfer des europäischen Konzentrationsprozesses). Das größte Printmedienunternehmen ging zu 50% an die WAZ. Die DDSG, die größte Reederei der west- und mitteleuropäischen Binnenschifffahrt, ging an Stinnes. Österreichs Gummi- und Reifenproduktion ging an Continental. Und zuletzt mischen deutsche Medienkonzerne inzwischen auch in der österreichischen Privat-TV-Landschaft massiv mit. Dies nur einige Beispiele. Andere wichtige Bereiche blieben jedoch in österreichischer Hand, darunter die weiteren Großbanken, der Mineralölkonzern OMV, die Stahlindustrie (Voestalpine) sowie die Energiekonzerne.

Daraus ersieht man den Doppelcharakter der deutsch-österreichischen Kapitalbeziehungen. Einerseits ermöglichte es nicht zuletzt der EU-Beitritt Österreichs deutschen Konzernen, in Österreich auf Einkaufstour zu gehen – mit den konsequenten Folgen: Bedeutende Teile der österreichischen Wirtschaft geraten in Abhängigkeit des deutschen Monopolkapitals, es kommt zur bekannten Spirale von Standortlogik und Subventionen, Rationalisierungen und Personalabbau, Betriebsabsiedlungen und -schließungen. Natürlich macht das deutsche Kapital in Österreich das gleiche, was das österreichische eben in Osteuropa und am Balkan macht.

Andererseits nimmt der weiter bestehende österreichische Imperialismus dies in Kauf, um nicht nur als Verbündeter, sondern mitunter sogar als Speerspitze des deutschen Imperialismus vorzupreschen (zum Beispiel hat die BRD dorthin, wo es politisch gerade nicht opportun war, mit dem Regime Geschäfte zu tätigen, einfach österreichische Delegationen vorgeschickt, nämlich nach Teheran oder nach Tripolis). Zentral ist aber die „gesamtdeutsche" österreichische Mission, die schon der Austrofaschismus seinerzeit für Österreich in Südosteuropa sah. Diese wurde seit Beginn der 1990er Jahre, mit den wichtigen Durchgangsjahren 1995 (EU-Beitritt) und 2004 (EU-Osterweiterung) wieder auf- und in Angriff genommen. Wesentliche österreichische Unternehmen, die hier tätig werden, haben Kooperationen mit deutschen Konzernen, so der Baukonzern STRABAG oder die bereits erwähnte OMV, die allerdings etwa die Preussag gleich direkt übernommen hat – es geht also auch umgekehrt.

Doch am Stichwort OMV können wir gewissermaßen exemplarisch alles konkret verbildlichen: Mit dem Erwerb der privatisierten Petrom übernahm die OMV 2004 z.B. just jene rumänischen Ölfelder, um die schon die Wehrmacht im Zweiten Weltkrieg gekämpft hatte. Mit der Übernahme der Petrol Ofisi 2006 steht die OMV in der Türkei, mit dem Nabucco-Pipeline-Projekt – da geht es aber um Erdgas, nicht Öl –, an dem eben auch der deutsche RWE-Konzern beteiligt ist, erhält man Anschluss an die Region um das Kaspische Meer, wo man in Kasachstan bereits einige Ölfelder besitzt. Das Tor in den Irak und Iran ist damit ebenfalls offen. Politischer Berater sowohl für die OMV als auch RWE in diesem Projekt ist übrigens ein gewisser Joschka Fischer.

Da fällt einem ja gleich unweigerlich die militärische Komponente ein – auch hier sind die Kooperationen weit gediehen: Bundeswehr und Bundesheer bilden in der EU gemeinsame Battlegroups, sie geben am Balkan zusammen zwei Hauptbesatzungsmächte: Im Kosovo ist das österreichische KFOR-Kontingent von 500 Soldaten Teil eines deutschen Bataillons, in Bosnien darf hingegen das österreichische Bundesheer inzwischen den EUFOR-Kommandanten stellen. Nach Afghanistan schafften es die österreichischen Soldaten freilich nur als zahlenmäßig überschaubarer Teil einer deutschen ISAF-Einheit. Für künftige umfassendere Einsätze des österreichischen Bundesheeres an der Seite der deutschen Bundeswehr fehlen noch einige Maßnahmen: Zwar hat man sich bereits gehorsamst u.a. mit dem EADS-Eurofighter ausgerüstet, jedoch bedarf es auch in Österreich – wie in den meisten anderen EU- und in den NATO-Staaten vorexerziert – einer Umstrukturierung hin zur Berufsarmee, die aber ohnedies gerade diskutiert wird.

Wie eng nun die wirtschaftlichen Beziehungen zwischen Deutschland und Österreich geworden sind, verdeutlichen auch die folgenden Zahlen und Fakten: 31% aller österreichischen Warenexporte gehen in die BRD, umgekehrt kommen 40% aller Importe nach Österreich aus der BRD – ähnliche Beziehungen gibt es zu keinem anderen Handelspartner (Italien und die Schweiz liegen bei Importen wie Exporten deutlich unter 10%). Wichtige deutsche Konzerne verfügen in Österreich über immense Marktanteile, so z.B. Volkwagen über knapp 32%. Einen ökonomisch äußerst relevanten Faktor in Österreich stellt nicht zuletzt der deutsche Tourismus dar, etwa 40% aller Urlaubsgäste in Österreich stammen aus der BRD. Der gegenseitige Kapitalexport, Investitionen, oft transnationale Unternehmensübernahmen, sind zwar keine Einbahnstraße, zeigen aber ein deutliches deutsches Übergewicht. Der gegenseitige Arbeitskräfteaustausch ist seit dem EU-Beitritt Österreichs und den folgenden diesbezüglichen EU-Bestimmungen massiv angestiegen: In Österreich stellen die Deutschen mittlerweile sogar die größte Zuwanderergruppe, noch vor den Serben und Türken. Seit dem EU-Beitritt hat sich die Zahl der deutschen Staatsbürger in Österreich verdreifacht. Umgekehrt leben annähernd 200.000 Österreicher in der BRD, das sind rund 50% aller Auslandsösterreicher weltweit.

Schlussfolgerungen

Zusammenfassend kann man sagen, dass der „Anschluss" Österreichs an den deutschen Imperialismus bis zu einem gewissen Grad gegeben ist. Das deutsche Monopolkapital bzw. seine Konzerne verfügen in Österreich über bedeutendes Eigentum und ebensolche Beteiligungen, über große Tochterunternehmen und bemerkenswerte Marktanteile. Dies bedeutet eine teilweise Abhängigkeit Österreichs vom deutschen Imperialismus, der dementsprechend auch relevanten politischen Einfluss hat.

Nichtsdestotrotz existiert weiterhin ein eigenständiger österreichischer Imperialismus, der seinerseits in seiner Außenwirkung, v.a. in Ost- und Südosteuropa, nicht zu unterschätzen ist. Diese Tatsache wiederum bedingt eine Bündnissituation, die keineswegs so einseitig ist, wie es auf den ersten Blick anhand der Größenverhältnisse der beiden Länder erscheint.

Natürlich hat v.a. das österreichische Kapital vorrangig ein Interesse daran, an der Seite des weitaus stärkeren deutschen Imperialismus an dessen Erfolgen teilzuhaben, natürlich wäre die expansive Kraft des österreichischen Imperialismus – insbesondere auch militärisch – limitiert und stünde schon heute an ihren Grenzen. Das Bündnis funktioniert aber nur deshalb, weil auch umgekehrt der österreichische Imperialismus Aufgaben erfüllt, die er dem deutschen Partner abnimmt, das betrifft nicht zuletzt die Südosteuropa-Route nach Kleinasien, in den Nahen und Mittleren Osten, letztlich bis nach Zentralasien.

Trotzdem fallen keineswegs immer und überall die deutschen und österreichischen Interessen zusammen, es bleibt genug Raum für Reibungen und Widersprüche, die dem Imperialismus nun einmal unweigerlich eigen sind. Diese auftretenden Brüche könnten Ansatzpunkte für eine antimonopolistische Gegenbewegung sein.

Denn eines ist auch klar: Je mehr die BRD ihre imperialistische Führungsrolle in Kontinentaleuropa konsolidiert, desto näher rückt der Tag, an dem die Hegemonialfrage im imperialistischen Weltsystem von ihr offen neu gestellt wird. Hierfür wird die BRD andere, mächtigere Bündnispartner als Österreich benötigen, v.a. Frankreich, vielleicht sogar Russland - und irgendeine Rolle wird in dieser Auseinandersetzung wohl auch China spielen. Doch für Österreich steht fest, dass man zumindest dabei sein und partizipieren will.

Man muss nicht immer gleich den Teufel an die Wand malen, aber als Menetekel steht es schon lange dort - Bertolt Brecht schrieb vor nunmehr 60 Jahren: „Denn der Menschheit drohen Kriege, gegen welche die vergangenen wie armselige Versuche sind, und sie werden kommen ohne jeden Zweifel, wenn denen, die sie in aller Öffentlichkeit vorbereiten, nicht die Hände zerschlagen werden."

Die USA führen bereits seit Jahrzehnten – nicht erst seit 9-11 – so etwas wie einen globalen Krieg in Permanenz. Eigentlich schon mit Jugoslawien 1999, spätestens aber mit dem Afghanistan-Einsatz ist die BRD eingestiegen. Natürlich kann die Reise nirgends anders hinführen als zum imperialistischen Kampf um die Weltherrschaft. Wenn es nun schleichend "Normalität" wird, dass Bundeswehrsoldaten – oder im Libanon auch Bundesheersoldaten – ihre Auslandseinsätze im Zinnsarg beenden, dann wäre es vielleicht an der Zeit, klar zu machen, dass der Ausstieg aus diesem Krieg wesentlich wichtiger wäre als der Ausstieg aus der Atomkraft oder aus unterirdischen Bahnhofsprojekten. Hierfür braucht es entsprechendes gesellschaftliches Bewusstsein, das im Kampf um die kulturelle Hegemonie erlangt wird.

Am Hindukusch, am Horn von Afrika oder im kongolesischen Dschungel wird sicher nicht die Sicherheit Deutschlands, Österreichs oder „Europas“ verteidigt, sondern werden die imperialistischen Interessen der Banken, Konzerne und Militärs gesichert. Die globalen Feinde "unserer Demokratie und Freiheit" sind vorrangig auch nicht Al Kaida, die Taliban, Muammar Gaddafi oder Kim Jong Il, sondern sie sitzen in unseren eigenen Regierungen, in den Ministerien, in den Militär- und Polizeiapparaten, in den Geheimdiensten – und in den Konzernzentralen und Finanzinstitutionen. Dies wäre die Vermittlungsaufgabe. Schwierig genug, so ist diese Vermittlungsebene trotzdem nur ein erster Schritt hin zu einer Volksbewegung gegen Imperialismus, Monopolmacht und Krieg.

Und eine tatsächliche Strategie zur Imperialismus- und Kapitalismusüberwindung ist abermals eine andere, größere Aufgabe. Dass sie ebenso unerlässlich wie bewerkstelligbar ist, zeigt sich gegenwärtig vielleicht am besten in Teilen Lateinamerikas. Aber der Vergleich hinkt gewaltig, denn in den imperialistischen Hauptländern Europas, von den USA gar nicht zu reden, sind die Voraussetzungen gänzlich anders. Hier hat der Imperialismus seine ganz eigentümliche Massenbasis, die von der Sozialdemokratie bis zur extremen Rechten vertreten wird. Sie beginnt aber dort zu bröckeln, wo es gravierende Brüche in der Kette des Imperialismus gibt – und wo es starke kommunistische Parteien, konsequente Gewerkschaften und tendenziell bereits antimonopolistische Volksbewegungen gibt: in Griechenland oder in Portugal. Doch die gesamte EU ist so etwas wie ein Schutzschirm, nämlich ein politischer, für den Imperialismus und seine Machenschaften. Die Aufgabe in Österreich, für das ich sprechen kann, und in der BRD, für die ich nur Empfehlungen abgebe, wäre daher eine doppelte, internationalistische und nationale: die Zerschlagung der EU als ein zentrales internationales Werkzeug der europäischen Imperialismen; und der Kampf gegen den inneren imperialistischen Feind, den Hauptfeind jedes Volkes, der bekanntlich im eigenen Land steht.

Redigierter Text nach den Vortragsunterlagen; im Internet veröffentlicht auf www.kominform.at am 8. Juni 2011.

Die Europäische Union, der deutsche und der österreichische Imperialismus

Auszug aus einem Vortrag in Sankt Radegund, 1. November 2013

Gemäß Lenins Imperialismustheorie befinden wir uns in jenem Stadium des Kapitalismus, in dem – u.a. – die Monopolverbände die Welt unter sich aufteilen und die Erde unter den imperialistischen Großmächten aufgeteilt ist, womit aber auch der Kampf um die Neuaufteilung verbunden ist, deren Notwendigkeit wiederum der ungleichmäßigen Entwicklung der Länder geschuldet ist.

Das bedeutet zunächst, dass Lenin von nationalen Imperialismen ausgeht, d.h. von einem britischen, französischen, deutschen, US-amerikanischen etc. Imperialismus, die untereinander in entsprechender Konkurrenz stehen. Diese konkurrierenden nationalen Imperialismen können aber natürlich Bündnisse eingehen, die zeitlich begrenzt sein können oder nicht, und die mehr oder weniger institutionalisiert sein können.

Die EU und die deutsche Hegemonie

Ein solches Bündnis liegt mit der EU vor und nur in diesem Sinne kann man auch von einem EU-Imperialismus sprechen: Dieser ist – trotz einer bemerkenswert hohen Institutionalisierung der EU – keineswegs ein durchgehend einheitlicher Block, sondern nur eine Bündelung von nationalen imperialistischen Mächten, die hier abgesteckte gemeinsame Interessen verfolgen, aber auch weiterhin in der Konkurrenzsituation verbleiben, weswegen es auch in dieser Hinsicht dynamische Widersprüche und Gegensätze innerhalb der EU gibt und geben muss. Was es also nicht gibt, dass ist ein statischer, monolithischer EU-Imperialismus als institutionalisierter kollektiver Imperialismus, denn eine solche – falsche – Auffassung ginge natürlich in Richtung der Kautskyschen und späteren „Ultraimperialismus"-Vorstellungen.

Verbleiben wir aber kurz bei den gemeinsamen Interessen der im EU-Bündnis zusammengefassten Staaten: In der Geschichte der EU – über die Zwischenstufen und Teilbereiche EGKS, EWG, EAG, EG, WEU, EWR – gibt es drei zu konstatierende Etappen. Von 1951 (EGKS-Gründung) bis 1967 (EG-Gründung) ging es vornehmlich um die Bündelung ökonomischer Potenzen im Sinne des „Wiederaufbaus“, das heißt um die Konsolidierung des westeuropäischen Kapitalismus, wobei dies auch als Defensive gegenüber den sozialistischen Staaten in Europa zu sehen war. Von 1967 bis 1992 (Vertrag von Maastricht) ging es vermehrt um die politische Zusammenarbeit, verbunden mit einer Offensive gegenüber dem europäischen Sozialismus. Diese Offensive war 1989/90 erfolgreich. Seither befinden wir uns in der dritten Entwicklungsetappe der EU, in der es um die Schaffung eines umfassender handlungsfähigen imperialistischen Blocks in Europa geht – auch im Gegensatz zum hegemonialen US-Imperialismus, wenngleich dies natürlich nicht alle EU-Mitglieder so sehen wollen – sowie um die Militarisierung der EU. Damit verbunden sind GASP, EUFOR, EZB, Euro-Raum, aber auch – zumindest im eigentlichen EU-Rahmen – Unscheinbareres wie die EADS. – Bei dieser letzten Etappe spielen aber nicht mehr alle mit, weil sie nicht wollen oder nicht können: Der Euro-Raum z.B. umfasst bekanntlich nur einen Teil der EU, und Großbritannien hat sich aus der EU indirekt bereits verabschiedet, war dort aber ohnedies zumeist nur ein Störfaktor als Schoßhündchen der USA. Es schwirrt daher ja schon seit Jahren die Kerneuropa-Idee herum, die teilweise durchaus verwirklicht ist, neuerdings aber überhaupt auch noch Unterteilungen in Richtung partielle Nord-Süd-Trennung. Hinter dem wiederum steckt vor allem ein einziges Interesse, nämlich jenes des deutschen Imperialismus.

Der deutsche Imperialismus versteht sich als Hauptkonkurrent der USA im Kampf um die imperialistische Hegemonialposition, was den USA übrigens auch bewusst ist, weshalb es in Wirklichkeit auch ganz selbstverständlich ist, dass die NSA (und vermutlich noch ein paar andere US-Dienste) Angela Merkel abhören. Den Deutschen ist aber auch etwas bewusst, nämlich dass Deutschland alleine auf absehbare Zeit keine Chance haben würde, die Hegemonialposition der USA an sich zu reißen. Daher wird die EU mehr und mehr – oder ist es im Großen und Ganzen bereits – zum deutschen Vehikel beim Griff nach der Weltmacht. Dem ordnen sich die kleineren imperialistischen Staaten wie z.B. Österreich als Juniorpartner bereitwillig unter, aber selbst Frankreich wird dem europäischen Führungsanspruch Deutschlands letztlich wenig bis nichts entgegenzusetzen haben und stattdessen auf eine Strategie setzen, wo man an möglichen Erfolgen partizipieren kann.

Es wird in der zugespitzten Auseinandersetzung zwischen den USA und Deutschland auch neue Bündnisse geben: Natürlich wird Großbritannien aus der EU ausscheren und seinen Platz an der Seite der USA sehen. Gleichzeitig bemüht sich Deutschland um weitere starke Bündnispartner außerhalb der EU, v.a. um Russland. Weitere Mächte von zumindest regionaler Wichtigkeit sind heftig umworben und umstritten, darunter z.B. die Türkei, Japan, Brasilien oder Indien. Und zu guter letzt wird sich auch die Frage stellen, welche Position China anhand eines solchen Frontverlaufes einnehmen wird.

Man soll schon vorsichtig sein mit historischen Analogien, aber in manchem ähnelt die heutige Situation durchaus jener vor einhundert Jahren. Das bedeutet nun nicht, dass der Dritte Weltkrieg vor der Tür steht, aber dass die Bündnisse neu geregelt werden und dass die Großmachtkonflikte zunehmen werden. Früher oder später aber – das ist durchaus gewiss – wird die Frage der imperialistischen Hegemonie und der Neuaufteilung der Welt sehr wohl auch militärisch zur Entscheidung gebracht werden.

Wieder weg vom Kaffeesud und zurück zur EU. Die zwingenden Widersprüche des Imperialismus spiegeln sich natürlich auch innerhalb der EU, der Gegensatz zwischen deutscher und britischer Strategie wurde bereits kenntlich gemacht, er ist Ausdruck der zwischenimperialistischen Konkurrenz. Es gibt weitere Widersprüche: Der Gegensatz zwischen imperialistischen Zentren und abhängiger Peripherie ist ohnedies allgegenwärtig und eine Existenzgrundlage des Imperialismus (und indirekt übrigens auch des Opportunismus in der Arbeiterbewegung, also der Sozialdemokratie unterschiedlicher Schattierungen). Die EU hat aber auch ihren eigenen, inneren Nord-Süd- und West-Ost-Konflikt entwickelt. Sie bedrückt und ruiniert als Bündnis des Monopol- und Finanzkapitals außerdem alle nichtmonopolistischen Schichten der Gesellschaft. Und es spitzt sich der kapitalistische Grundwiderspruch zu. Was vielleicht auf den ersten Blick wie ein trotzkistisches Mantra wirkt, hat tatsächlich handfeste Auswirkungen: Auch die gegenwärtige Weltwirtschaft-, Finanz- usw.-Krise ist wie jede Krise des Kapitalismus direktester Ausdruck und Ergebnis des Wirkens des Grundwiderspruchs. Was lediglich hinzukommt, ist die Problematik der permanenten Überakkumulation im staatsmonopolistischen Kapitalismus, weshalb es die bekannte Aufblähung des Finanzbereiches gab und gibt – aber das ist nur eine Folgeerscheinung und keineswegs die Ursache.

Die Antwort des Imperialismus auf verschärfte Widersprüche und Krisen ist immer die Gewalt, nicht zwingend die militärische, aber zunächst die inner- und zwischenstaatliche politische und die ökonomische. Daher ist es nur natürlich, dass die heutige EU-Perspektive aus imperialistischer Sicht keine andere sein kann als die Unterordnung Europas unter den deutschen Imperialismus – das gilt ganz offensichtlich etwa in Griechenland, aber in weiterer Konsequenz auch genauso für Frankreich oder Österreich.

Die österreichische Position in der EU

Kommen wir nun zu Österreich. Welche Rolle spielt Österreich in der EU und welche kann es spielen? Österreich ist zwar ein kleines Land, aber es ist in mancherlei kapitalistischer Hinsicht geradezu überdimensioniert. Daher ist es – auch vor dem bekannten historischen Hintergrund der Habsburgermonarchie – kein Wunder, dass Österreich seit 1989/90, d.h. seit der Konterrevolution in Ost- und Südosteuropa, der kapitalistischen Restauration und der Wiedereingliederung dieser Länder ins imperialistische System, zu den imperialistischen Hauptakteuren in diesen Regionen wurde, was wiederum das Vehikel EU begünstigte und begünstigt. Österreichische Banken und Versicherungen, Handelskonzerne, aber auch Industriekonzerne wie die OMV, die Voestalpine oder Wienerberger sorgen dafür, dass es einen effektiven und effizienten eigenständigen österreichischen Imperialismus gibt, der mittlerweile am Balkan sogar wieder zu kleineren militärischen Abenteuern bereit ist. Gleichzeitig steht Österreich aber auch in einer teilweisen Abhängigkeit von den imperialistischen Großmächten, v.a. Deutschlands, weshalb das (etwas ungleiche) Bündnis des österreichischen Großkapitals mit dem deutschen Imperialismus geradezu unerlässlich ist. Daher agiert der österreichische Imperialismus mancherorts „nur“ als eine Speerspitze deutscher Interessen. Österreichs Position in der EU bzw. überhaupt innerhalb des imperialistischen Systems ist also durch einen Doppelcharakter geprägt.

Das erzeugt eine eigentümliche Dynamik, die man an der OMV zeigen kann: Deren groß angelegtes und für sie äußerst wichtiges Pipelineprojekt „Nabucco“ ist gescheitert, nicht zuletzt, weil für das deutsche Monopolkapital das Bündnis mit Russland schlussendlich natürlich von größerer Bedeutung ist. Man hatte aber offenbar längst einen Plan B in der Schublade und zauberte einen großen Förderungsdeal mit der v.a. in der Nordsee (auf Perspektive aber potenziell auch in der Arktis) tätigen norwegischen Statoil aus dem Hut (oder eben aus der Schublade). Das wiederum ist sehr wohl von Interesse auch für Deutschland, denn Norwegen ist gewissermaßen „umkämpftes Terrain“ zwischen den britischen und deutschen Einflusssphären. – Auch ansonsten steht die OMV aber natürlich überall dort, wo einst die Wehrmacht stand oder zumindest hinwollte: am Balkan, an der Schwarzmeerküste, am Kaspischen Meer, in der Türkei und sogar in Nordafrika. Damit bahnt die OMV, ironischer Weise selbst groß geworden durch Übernahmen in Deutschland, wiederum den Weg für Deutschland über die Südostroute und Anatolien nach – eh klar – Bagdad und an den Persischen Golf. Alles unumgänglich, wenn der dritte deutsche Anlauf nicht wieder im Desaster enden soll, denn es bleibt – trotz Elektroautos und Windräderparks – auf absehbare Zeit dabei: Keine größere imperialistische Auseinandersetzung, keine ökonomische und weltpolitische, schlussendlich aber gerade auch keine militärische ist ohne Öl und Gas zu gewinnen. Denn Cruise Missiles und Kampfflugzeuge, U-Boote und Panzer werden nun mal nicht mit Elektromotoren, Windkraft oder Solarenergie angetrieben. Das weiß man in Berlin genauso gut wie in Washington.

Es wird aber in jedem Fall schon klar, was die Perspektiven des österreichischen Imperialismus sind: Sofern er die bizarren Außenstände seiner Banken in Osteuropa in der Höhe von 85% des BIP überlebt – wovon man leider ausgehen muss –, liegt seine Zukunft in „bewährter Weise“ an der Seite des deutschen Imperialismus. D.h. Österreich ist natürlich Teil der großdeutschen Neuordnung Europas und gleichzeitig in seinem Bereich Nutznießer derselben.

Text nach den Vortragsunterlagen; zuvor unveröffentlicht.

Österreichische Monopole und die EU

Referat auf der Konferenz
„Imperialismus, EU und Österreich im 21. Jahrhundert",
Graz, 19. November 2011

In Österreich gibt es viele schöne Traditionen. Eine der weniger schönen ist der Opfermythos. Er besagt, dass hierzulande eine kollektive selige Unschuld vorherrscht, die immer wieder durch die internationalen oder zumindest ausländischen Kräfte des Bösen in den Strom unerfreulicher Ereignisse gesogen oder getrieben wird. Heute z.B. sind es die EU, das in ihr dominierende deutsche Monopol- und Finanzkapital sowie die unvorhersehbare Naturgewalt der Wirtschaftskrise, die den österreichischen Politikern und uns das Leben schwer machen. Dieser Opfermythos ist nicht nur dazu da, die Täter- bzw. Mittäterschaft von österreichischer Seite zu vertuschen, sondern auch, um Klassenlinien, Klassengegensätze zu verschleiern. Insofern ist es sehr nützlich, die EU-Frage einmal von der anderen Seite aus zu betrachten, d.h. nicht nur die Frage zu stellen, inwiefern die EU in sozialer, ökonomischer und demokratischer Hinsicht negativ auf uns als einfache Bürger wirkt, sondern auch zu hinterfragen, inwiefern die EU-Mitgliedschaft unseres Landes dem österreichischen Kapital nützt und dabei behilflich ist, in anderen Ländern auf – man kann es kaum anders nennen – Raubzüge zu gehen.

Monopolkapitalismus in Österreich

Zunächst bedarf es einiger Feststellungen zur Verfasstheit des Kapitalismus in Österreich. Diese Fragestellung ist in der kommunistischen Bewegung Österreichs nicht neu, sie wurde seit den 1970er Jahren, im Zuge der auch ideologischen Überwindung der KPÖ-Parteikrise und des Revisionismus, durchaus intensiv behandelt - zu Recht, denn die Analyse ist immer Voraussetzung der Entwicklung einer revolutionären Strategie.

In der KPÖ kam man damals, in der Zeit zwischen der Beschlussfassung der „Politisch-ideologischen Leitsätze" 1974 und des neuen Parteiprogramms „Sozialismus in Österreichs Farben" 1982 zu der zentralen Feststellung, dass der staatsmonopolistische Kapitalismus der Normalfall des Kapitalismus in den höher entwickelten Ländern sei und dass dieser seit 1955 auch in Österreich zur breiten Entfaltung gekommen wäre. Das implizierte weiters, dass es ein österreichisches Monopol- und Finanzkapital gibt und damit auch einen österreichischen Imperialismus – mit gewissen Einschränkungen und Besonderheiten. Diese wurden seinerzeit, in den 1970er und 80er Jahren, v.a. von den Genossen Ernst Wimmer und Hans Kalt, aber auch z.B. von Michael Graber untersucht. Welche waren dies nun? Und wie steht es heute um sie?

Erstens gab es in Österreich einen sehr großen und bedeutenden verstaatlichten Sektor, nicht nur in der Industrie, auch im Bankbereich – dieser wurde in den vergangenen beiden Jahrzehnten zerschlagen und Großteils privatisiert.

Zweitens gab es in manchen Branchen einen starken Einfluss des deutschen Monopolkapitals – dieser hat sich in den letzten beiden Jahrzehnten sogar noch verstärkt.

Drittens ist das System der „Sozialpartnerschaft" als spezielle Herrschaftsform des staatsmonopolistischen Kapitalismus in Österreich hervorzuheben – und damit ist auch verbunden, dass sich ein regelrechter sozialdemokratischer Sektor des Stamokap herausgebildet hat. Die ökonomische Grundlage aber des Opportunismus insgesamt auch in der österreichischen Arbeiterbewegung ist natürlich der monopolkapitalistische Extraprofit. Doch sind hier eben ein Teil der Führungsfunktionäre von SPÖ und Gewerkschaftsbund direkt eingebunden und regelrechte Träger des Systems, d.h. der Sozialdemokratie verbundene Strukturen und Personen fungieren selbst als Unternehmer und Beteiligungsgesellschaften bzw. deren Vertreter.

Werfen wir nun einen Blick auf einige Wirtschaftsbranchen Österreichs - und auf ihren Monopolisierungsgrad. Zuerst zur Finanzbranche: Die vier größten Banken in Österreich (Erste, Raiffeisen, BA-CA, BAWAG-PSK) verfügen gemeinsam über Marktanteile, die durchschnittlich deutlich über 60% ausmachen, in manchen Segmenten, d.h. Geschäftsbereichen, sogar 90%, Tendenz steigend. Die drei größten Versicherungsgesellschaften des Landes (Uniqa, Wr. Städtische, Generali) verfügen zusammen über einen Marktanteil von beinahe 70%. Die drei größten österreichischen Energieunternehmen (EVN, Wienenergie, Verbund), die auch noch untereinander verflochten sind, erreichen einen Marktanteil um ca. 75%. Die OMV, der größte Öl- und Gaskonzern Österreichs, der allerdings bekanntlich aus einem Staatsmonopol entsprungen ist, erreicht Marktanteile von 80% bzw. 90% bei der Förderung von Öl bzw. Gas, von über 25% bei Tankstellen. Die zwei größten Tankstellenbetreiber, eben die OMV und BP, kommen auf deutlich über 50%. Die drei größten österreichischen Baukonzerne (STRABAG, Porr, Alpine) kommen gemeinsam auf einen Marktanteil von annähernd 60%. Die drei größten Lebensmittelhandelsketten in Österreich (REWE, Spar, Hofer) kommen auf einen Marktanteil von 85%. Der größte Agrarkonzern Österreichs, der bekanntlich als Genossenschaft getarnt ist, erreicht bei der Übernahme landwirtschaftlicher Produkte mitunter Marktanteile von über 90%. Und: Das größte täglich erscheinende Printmedium des Landes hält einen weltweit einzigartigen Marktanteil von über 50%. Die beiden größten Mediengruppen (Mediaprint, Styria) erreichen mit ihren vier Spitzenprodukten in diesem Segment zusammen über 75%.

Belassen wir es dabei – offensichtlich ist, dass viele wesentliche Bereiche in Österreich in hohem Grade monopolisiert sind, sogar in jenen Branchen, die zahlenmäßig dennoch eine Vielzahl kleiner Unternehmen aufweisen, wie etwa die Baubranche.

Wie steht es um die Verflechtungen? Nehmen wir mit Raiffeisen ein Beispiel heraus, das ziemlich umfassend tätig ist. Da stellt sich zu allererst einmal die Frage: Worum handelt es sich eigentlich im Kern? Wirklich um eine Bauerngenossenschaft? Wohl kaum. Um einen Agrarkonzern? Um eine Bank? Die Antwortet lautet: Egal, denn die Verflechtung ist der Kern der Sache. Faktum ist, unter dem gemeinsamen Dach, das über wechselseitige Beteiligungen sowie über Personalaustausch und Multifunktionäre zusammengehalten wird, sammeln sich nicht nur die Bankinstitute auf drei oder sogar vier Ebenen und die größten Molkereien Österreichs, sondern - direkt oder indirekt - auch die Marktführer im Bereich Zucker-, Mehl-, Salz-, Gewürz- und Obstproduktion, einige Tages- und Wochenzeitungen (Kurier, News), natürlich die Uniqa-Versicherung, der FACC-Flugzeugkomponentenhersteller (gemeinsam mit dem Sportartikelhersteller Fischer), eine knappe Minderheit am größten Baukonzern des Landes (STRABAG, Rest bei Haselsteiner), der Marktführer im Bereich öffentlicher Kaffeeautomaten sowie kleinere Beteiligungen an z.B. der Volksbanken AG – der fünftgrößten Bank Österreichs –, an der EVN, der Voestalpine, Inzersdorfer oder auch den Casinos Austria. Das Ganze ist also wirklich erstaunlich weitreichend und vielfältig, egal ob man gedanklich nun von der Tätigkeit einer Bank oder einer Bauerngenossenschaft ausgeht.

Stellt sich noch die Frage nach der etwaigen Dominanz des ausländischen Kapitals in Österreich. Tatsächlich sind einige wichtige Bereiche in ausländischem Besitz, etwa die AUA oder große Unternehmen im Handels-, Versicherungs- und Bankenbereich. Trotzdem, nehmen wir etwa den österreichischen Bankensektor her, so zeigt sich, dass lediglich 6% der österreichischen Banken in ausländischem Besitz sind, wenngleich - dies sei angemerkt - mit der Bank Austria und der BAWAG-PSK zwei der wichtigsten Institute darunter sind. Der Marktanteil österreichischer Banken in ausländischem Besitz macht daher etwa 25%-30% aus. Die Mehrheit bleibt aber in österreichischer Hand, nicht nur im Bankensektor, sondern auch andere wichtige oder zumindest große Unternehmen wie die OMV, die Voestalpine, Wienerberger, die Strabag, die Telekom/A1 oder auch Red Bull.

Österreichischer Finanzimperialismus in Ost- und Südosteuropa

So weit der österreichische Monopolkapitalismus im Inneren. Uns soll aber eigentlich vielmehr die Außenwirkung desselben interessieren, insbesondere in seiner Zusammenwirkung mit der Europäischen Union.

Während der österreichische Stamokap sich über Jahrzehnte eher beschaulich entwickelte, in seiner Expansionskraft äußerst beschränkt war und seinen Hauptvorteil in der österreichischen Neutralität fand – diese ermöglichte nämlich eine bevorzugte Stellung im Handel mit den sozialistischen Staaten –, so kennt er zwei wichtige Wendepunkte: nämlich einerseits die Jahre 1989/90 mit der Konterrevolution in den sozialistischen Staaten Europas, andererseits 1995 mit dem EU-Beitritt Österreichs. Seither konnte sich der österreichische Imperialismus neu entfalten und – trotz der vergleichsweise geringen Größe des Landes – sogar eine wesentliche Rolle spielen bei der „Wiedereingliederung“ der ehemals sozialistischen Staaten in das imperialistische System.

Insofern ist klar: V.a. das österreichische Kapital hatte – neben dem deutschen – größtes Interesse am Sieg der Konterrevolution in Osteuropa, an der Zerschlagung Jugoslawiens und an der Integrierung dieser Länder in die EU, die 2004 und 2007 erfolgte (einige Staaten stehen freilich noch aus). Ebenso wie die EU für Deutschland das Vehikel zur Erlangung der Vorherrschaft über Europa ist, so ist sie für Österreich das Mittel, um zumindest in seiner östlichen und südöstlichen Nachbarschaft eine tonangebende imperialistische Rolle spielen zu können. Das österreichische Großkapital profitierte am meisten von den vorgeschriebenen Privatisierungen und Marktliberalisierungen in den osteuropäischen EU-Staaten.

Ein erster Maßstab hierfür möge der Anteil Österreichs an den ausländischen Direktinvestitionen sein – der österreichische Imperialismus marschiert natürlich nicht mit dem Bundesheer ein, sondern mittels des Kapitalexports, der Tochtergesellschaften und der Unternehmensübernahmen.

In drei der fraglichen Länder Ost- und Südosteuropas nimmt Österreich mit FDI-Anteilen von bis zu 30% die führende Rolle ein, noch vor der BRD – dies nämlich in Slowenien, Bulgarien und in Kroatien (kein Wunder, dass der EU-Beitritt des letzteren insbesondere von Wien aus forciert wird). In Rumänien und in der Slowakei ist das österreichische Monopolkapital der zweitgrößte Investor, in Ungarn und Tschechien der drittgrößte.

Der Hauptträger der österreichischen Kapitalexpansion sind – wenig überraschend – die drei größten Banken des Landes. Sie verfügen fast überall in Osteuropa über ihre Tochterinstitute, mittels eigener Neugründung (Methode Raiffeisen) oder mittels Übernahme bestehender Banken (Methode Erste Bank): in Ungarn und Tschechien über jeweils acht, in Kroatien über sieben, in der Slowakei, Bosnien und Serbien über jeweils sechs, in Slowenien und Rumänien über jeweils fünf, in Polen und Bulgarien über jeweils drei sowie in Russland und der Ukraine über jeweils zwei. Das bedeutet, dass z.B. die Erste Bank mit nunmehr 50.000 Angestellten und 15 Millionen Kunden in acht Ländern mittlerweile der größte Finanzdienstleister in Mitteleuropa ist. Raiffeisen International betreut mit ebenfalls rund 50.000 Angestellten 12 Millionen Kunden in 16 Staaten.

Hier gibt es übrigens einen recht ironischen, wie ich meine, Verknüpfungspunkt zur gegenwärtigen Weltwirtschaftskrise: Seit zu Beginn der 1990er Jahre in Osteuropa der Kapitalismus wieder Einzug gehalten hat und erstrecht mit dem EU-Beitritt der meisten fraglichen Staaten 2004-2007, haben die westeuropäischen Staaten dies massiv genutzt, um dort zu investieren. Der so genannte „Osteuropa-Boom“ war eine, wenn nicht sogar die tragende Säule des „Neoliberalismus“ in Europa. Die BRD, Italien, Frankreich, die Niederlande und eben, wie wir schon ansatzweise gesehen haben, nicht zuletzt Österreich, begannen einen regelrechten imperialistischen Wettlauf um neue Anlagesphären, Märkte, Rohstoffzugriffe, billige Arbeitskräfte und ehemalige Staatsbetriebe in den früheren sozialistischen Staaten. Von österreichischer Seite waren die wichtigsten Unternehmen vor allem die Erste Bank, Raiffeisen und die Bank Austria, die Versicherungen Wiener Städtische und Uniqa, im industriellen Bereich die österreichischen Großkonzerne OMV, Wienerberger oder Voestalpine.

Doch nicht nur über die unternehmerische Expansion, sondern auch mittels riesiger Kreditvergaben an osteuropäische Unternehmen (und Staaten) haben die westeuropäischen Banken, wiederum nicht zuletzt die österreichischen, den Osteuropa-Boom finanziert, insgesamt mit einer Summe von 1,6 Billionen Dollar. Die osteuropäischen Staaten, die seit dem für sie relevanten Krisendurchgangspunkt im Herbst 2009 auch fast zur Gänze die Bürgschaften für die ausständigen Unternehmenskredite übernommen haben, sind realistisch besehen schwerlich in der Lage, diese Kredite und ihre Zinsen zurückzuzahlen, wofür aufgrund der Krise nun ja auch kaum bzw. nur unter ungünstigen Bedingungen neue Kredite aufgenommen werden können – wenngleich hier natürlich immer noch bessere Bedingungen gegeben sind als etwa für Griechenland oder Portugal.

Und die österreichischen Banken haben nun offene Osteuropakredite in der Höhe von nicht weniger als 240 Milliarden Euro – dies entspricht 85% des österreichischen Bruttoinlandsproduktes, eine Quote, die kein anderes westeuropäisches Land erreicht (die Schweiz liegt mit ebenfalls beachtlichen 50% des BIP an zweiter Stelle). Der österreichische Finanzsektor hat sich zweifellos massiv überdehnt, vor allem in Osteuropa (insbesondere in Ungarn, Serbien und der Ukraine), was ein im schlimmsten Fall nötiges Auffangen durch den österreichischen Staat gelinde gesagt äußerst schwierig machen würde. Für die österreichischen Großbanken kann ein neues Krisenepizentrum in Osteuropa den Ruin bedeuten. Denn die gegenwärtigen Abschreibungen bei Raiffeisen und Erste Bank sind natürlich nur die Spitze des Eisberges.

Position und Strategie des österreichischen Monopolkapitals

Ohne den eigenen EU-Beitritt und ohne den EU-Beitritt der ost- und südosteuropäischen Staaten hätte das österreichische Monopol- und Finanzkapital kaum so erfolgreich in diese Regionen expandieren können. Heute ist es so, dass das österreichische Monopolkapital in den EU-Mitgliedstaaten Rumänien, Slowakei, Slowenien, Tschechien und Ungarn sowie in den mehr oder minder beitrittswilligen Staaten Kroatien, Serbien und Bosnien-Herzegowina eine führend Position einnimmt. In diesen Ländern kontrolliert es äußerst bedeutende Teile des Banken- und Versicherungssektors, der Telekommunikation, der Öl-, Gas und Treibstoffbranche, der Bau- und Baustoffwirtschaft sowie des Einzelhandels.

Betrachtet man den Einflussbereich geografisch, so zeigt sich zunächst, dass man im Wesentlichen wieder dort angekommen ist, wo man 1914 schon gestanden ist. Doch das genügt nicht. In den letzten Jahren zeigte sich darüber hinaus, dass das Osteuropa- und Balkanengagement weiter in die Türkei führt, das der Brückenkopf für die Erreichung der Region um das Kaspische Meer sowie auch in Richtung Persischer Golf ist. Dorthin kommt das in seinen Möglichkeiten beschränkte österreichische Monopolkapital aber nicht allein und selbständig, sondern hierfür braucht es Verbündete – diese kommen, wie schon 1914, aus Deutschland.

Österreich befindet sich als institutionalisierter Juniorpartner, als Trittbrettfahrer oder wie man auch will, im Schlepptau des deutschen Imperialismus. Man nimmt in Kauf, selbst in teilweise Abhängigkeit zu geraten, um abgegrenzte eigene Ziele zu erreichen sowie um spezielle Aufgaben der Gesamtstrategie zu übernehmen. Diese österreichisch-deutsche Beziehung ist natürlich alles andere als reibungs- und widerspruchslos, aber es gelten eben die Grenzen der Zweckmäßigkeit jeder imperialistischen Übereinkunft. Und dies natürlich auf einer schiefen Ebene, denn selbstverständlich hat der Bündnispartner Deutschland für Österreich eine weitaus größere Bedeutung als umgekehrt - dies entspricht einfach den imperialistischen Machtverhältnissen.

Das österreichische Monopolkapital kann nun nicht nur als Verbündeter, sondern muss manchmal auch als Vorhut des deutschen agieren. Letzteres war z.B. im Zuge der wirtschaftspolitischen Beziehungen mit dem Regime in Teheran und dem (alten) in Tripolis der Fall. Was die Südosteuropa-/Türkei-Route in den Nahen und Mittleren Osten sowie nach Zentralasien betrifft – gewissermaßen das Update zur Bagdadbahn – verhält es sich ähnlich. Verbildlichen kann man dies exemplarisch an der OMV.

Zunächst hat sich die OMV ja in Ost- und Südosteuropa, aber auch in Bayern v.a. über die Übernahme von Raffinerien und über den Auf- und Ausbau ihres Tankstellennetzes ausgebreitet: 4.700 betreibt sie nun in Mittel-, Ost- und Südosteuropa, kommt auf einen durchschnittlichen Marktanteil von über 20% und gilt als führender Öl- und Gaskonzern in der Region. Nebenbei bemerkt: Auf vielen OMV-Tankstellen kann man praktischer Weise auch gleich die Dienste der Wiener Städtischen Versicherung und der Erste Bank in Anspruch nehmen… – aber egal, darum geht's jetzt mal nicht, zurück zur Darstellung der strategischen Ziele.

Im Jahr 2004 übernahm die OMV die Petrom, das größte Unternehmen Rumäniens, und damit auch gleich jene Ölfelder und -industrie, um die schon die deutschen und österreichischen Wehrmachtsoldaten im Zweiten Weltkrieg erbittert kämpfen mussten. Und damit steht man am Schwarzen Meer. Wendet man sich nach Südosten, erreicht man den Bosporus: Mit der Übernahme der Petrol Ofisi 2006 steht die OMV auch schon kräftig in der Türkei, und mit dem Nabucco-Pipeline-Projekt – da geht es aber um Erdgas, nicht Öl –, an dem eben auch der deutsche RWE-Konzern beteiligt ist, erhält man Anschluss an die Region um das Kaspische Meer, wo die OMV in Kasachstan praktischerweise bereits einige Ölfelder besitzt. Nicht nur das Tor in den Irak und Iran ist damit offen, sondern auch der weitere Weg nach Afghanistan (wo ja schon deutsche Truppen stationiert sind), nach Indien und China – bzw., über die nördlichere Route, nach Zentralasien und China.

Haben wir Afghanistan und die militärische Komponente schon erwähnt, so ist festzustellen, dass es das österreichische Bundesheer eigenständig natürlich niemals bis an den Hindukusch geschafft hätte – sehr wohl aber als kleiner österreichischer Teil einer deutschen ISAF-Einheit. Als Teil eines deutschen Bataillons steht das österreichische Bundesheer auch mit seinem KFOR-Kontingent im serbischen Kosovo, in Bosnien sind es sogar die Österreicher, die den Kommandanten der EU-Besatzungsarmee EUFOR stellen dürfen.

Auch in den EU-Battlegroups arbeiten Bundesheer und Bundeswehr eng zusammen. Diese abermalige Waffenbrüderschaft nach 1914-1918 und 1939-1945 muss man dann natürlich auch feiern: Zum diesjährigen österreichischen Nationalfeiertag am 26. Oktober – er feiert die österreichische Neutralität und Souveränität – durften bei der Bundesheerparade auch deutsche Soldaten teilnehmen. Wo? Passender Weise am Wiener Heldenplatz, wo Adolf Hitler 1938 die „Rückkehr seiner Heimat ins Deutsche Reich" verkünden durfte.

Natürlich ist unbedingt zu konstatieren, dass beide – sowohl die österreichische als auch die deutsche Strategie – gegenwärtig, angesichts der Wirtschafts-, Schulden- und Eurokrise, auf Messers Schneide stehen. Die deutsche Neuordnung Europas steht und fällt natürlich mit dem Euro, der Vorherrschaft in der EU und deutschen Exportüberschüssen, die weiterhin willige Abnehmer finden. Gleiches – oder zumindest ähnliches – gilt für Österreich: diese Strategie hängt ebenso an der Währungsunion und am funktionierenden Finanzimperialismus in Osteuropa. Ohne diese Voraussetzungen funktionieren außereuropäische und globale Strategien auch nicht mehr.

Schlussfolgerungen

So viel zum analytischen Teil. Was bedeutet das alles für uns, für die österreichischen Kommunistinnen und Kommunisten? Es bedeutet, wenn man die Forderung „Raus aus der EU!" im Rahmen oder als Kern einer antimonopolistischen Strategie – deren Inhalt ich hier nicht weiter ausbreiten kann – sieht, dass man dem gegebenen Doppelcharakter der österreichischen Position im imperialistischen System Rechnung tragen muss: Dass Österreich nicht nur in teilweiser Abhängigkeit von den imperialistischen Großmächten steht, die zudem über die EU mit vermittelt wird, sondern dass das österreichische Monopol- und Finanzkapital selbst eine regionale imperialistische Rolle spielt, die mithilfe der EU ausgeübt wird. Diese Täterschaft ist durchaus zu thematisieren.

Möchte man also den EU-Austritt Österreichs verbunden mit einer Strategie hin zur Etablierung einer antimonopolistischen und antiimperialistischen Volksmacht propagieren, wie es die KP Steiermark, die Kommunistische Jugend und die Kommunistische Initiative tun, so geht es nicht nur um die demokratische und ökonomische Souveränität des Landes und der Bevölkerung und um die soziale und

Eigentumsfrage für die Arbeiterklasse und die nichtmonopolistischen Schichten Österreichs. Man darf, ja man muss schon auch das Ende der Ausbeutung und Unterdrückung der ost- und südosteuropäischen Semiperipherie durch unsere eigenen Banken und Unternehmen fordern – auch und erst recht, wenn sich diese dann im Staatseigentum der Volksmacht befinden sollten. Denn, wie Friedrich Engels sagte: *„Eine Nation kann nicht frei werden und zugleich fortfahren, andre Nationen zu unterdrücken."*

Redigierter Text nach den Vortragsunterlagen. Gedruckt veröffentlicht in der Broschüre „Imperialismus, EU und Österreich im 21. Jahrhundert", herausgegeben vom Bildungsverein der KPÖ Steiermark, Graz 2012; im Internet veröffentlicht auf www.kominform.at am 27. November 2011.

Österreichische Banken in Osteuropa

Ein imperialistischer Raubzug und seine Fortsetzung mittels ESM

Der global gesehen kleine, aber dennoch effektive österreichische Imperialismus kennt einen entscheidenden Turnaround, nämlich die politischen Ereignisse – die Konterrevolutionen – der Jahre 1989/90 in Ost- und Südosteuropa. In den letzten 20 Jahren war das österreichische Großkapital der Hauptnutznießer der Wiedereingliederung der ehemals sozialistischen Staaten Europas in das System des Imperialismus, optimiert durch den EU-Anschluss der meisten dieser Länder. Hier waren Gewinne zu holen, von denen man zuvor nur träumen konnte. Die Weltwirtschaftskrise der letzten Jahre bringt jedoch ein böses Erwachen.

Eineinhalb Billionen Euro stehen an offenen Ost- und Südosteuropa-Krediten bei verschiedenen Banken aus der EU zu Buche. Knapp 20% davon – die relative Mehrheit –entfallen auf österreichische Banken, jeweils 15% auf deutsche und italienische. Das ist erstaunlich, denn bei der BRD und Italien handelt es sich nicht nur um wesentlich größere Volkswirtschaften, sondern in der Regel auch um weitaus größere Banken. Das hat zur Folge, dass jenes gesamte Exposure österreichischer Banken in Osteuropa, das nicht weniger als 236 Milliarden Euro beträgt, stolzen 78% des österreichischen BIP (2011: 301,3 Mrd.) entspricht. Das Risiko einer solchen Situation in Krisenzeiten hat auch schon die EU-Kommission entdeckt: Denn mit diesem Exposure steht nicht nur ein Vielfaches des Kernkapitals der österreichischen Banken, sondern auch eine Summe, die es dem österreichischen Staat im Ausfallsfall unmöglich machen würde, die eigenen Banken – die von größter (kapitalistischer) Systemrelevanz sind – aufzufangen. Ein Durchschlagen der Krise auf z.B. Ungarn, die Slowakei, Rumänien, die Ukraine oder die ehemaligen jugoslawischen Länder könnte das gesamte österreichische Bankwesen mit einem Schlag ruinieren.

Müsste der österreichische Staat tatsächlich für „seine“ Banken einstehen, so wäre er sofort selbst pleite, nicht mehr über Staatsanleihen refinanzierbar und ein Fall für EU-„Rettungsaktionen“ – das kennen wir schon aus Griechenland, Portugal oder Spanien. Neu ist nun aber der permanente Rettungsschirm ESM (Europäischer Stabilitätsmechanismus). Sollte dieser in ausreichend vielen Euro-Ländern beschlossen werden – und das wird er –, dann können sich marode Banken ohne Vermittlung der Staatsebene unter den ESM begeben. Mit einem ESM-Stammkapital von rund 700 Milliarden Euro und einem Gesamtausmaß von 1,5 Billionen gingen sich da ein paar österreichische Banken schon aus. Finanziell muss man sich keine Sorgen machen, (wirtschafts-)politisch hingegen sehr wohl.

Denn die deutsche Kanzlerin Angela Merkel wurde für die ESM-Beschlüsse zu Hause zwar einigermaßen gescholten (man stünde nun für eine „Schuldenunion" ein und wäre vor Italien, Spanien und indirekt Frankreich in die Knie gegangen), doch in Wahrheit bedient der ESM die unmittelbarsten Interessen des deutschen Monopol- und Finanzkapitals. Diese sind: 1. die bedingungslose Aufrechterhaltung der (oder zumindest einer) Euro-Zone als Voraussetzung der deutschen Produktions- und Exporthegemonie; 2. die Garantierung der Rückflüsse an deutsche Banken aus den „Krisenländern" als Voraussetzung eigener finanzieller Stabilität und finanzkapitalistischer Hegemonie; 3. die Schaffung von Durchgriffsrechten in nationale Budget- und Wirtschaftspolitiken als Voraussetzung politischer Hegemonie in Europa. – Zentral wird hierbei die Schaffung eines EZB-Kontrollgremiums für ESM-„Kunden" sein, denen dann von Berlin, Frankfurt, Brüssel und Luxemburg aus Maßnahmen diktiert werden. Das Sagen haben hier dann natürlich die Mehrheitseinzahler und das ist, vor allem wenn die südeuropäischen Krisenländer um ihre Stimmrechte umfallen, natürlich und mit großem Abstand Deutschland, erst recht mit ein paar kleineren Verbündeten mit ähnlichen Interessen wie z.B. Niederlande oder Österreich.

Denn für Österreich gilt im Kleinen natürlich genau das Gleiche wie für Deutschland an der Spitze der finanzkapitalistischen Nahrungskette. Der ESM greift immer im schwächsten Glied, im österreichischen Fall also gegebenenfalls in Osteuropa, womit eine Firewall für die österreichischen Banken geschaffen wurde. Sie können nicht pleitegehen, solange das ESM-System funktioniert, was ja Deutschland garantiert. Da kann man formal schon ein paar politische Kompetenzen abgeben, die realpolitisch ohnedies nie einsatzfähig waren – so sehen es wohl die SPÖ-Führung und die ÖVP sowie deren finanzkapitalistische Systempartner wie Erste Bank, Raiffeisen/Uniqa, Wiener Städtische, BAWAG etc.

Doch genug von Banken, Konzernen und ihren politischen Ausschüssen (aka Regierungen)! Was heißt das alles für die „einfachen" Menschen in Österreich und Osteuropa? Es bedeutet, dass die imperialistischen Raubzüge weitergehen, zynischer Weise sogar begünstigt durch die Krise. Zugunsten der Euro-, Banken- und Krisenstaatenrettung werden Sparpakete institutionalisiert, die ausgabenseitig bloß diejenigen treffen, die ohnedies nichts oder immer weniger haben: Arbeitnehmer, Arbeitslose, Pensionisten, Auszubildende, Schüler und Studierende, kleine Selbstständige. Einnahmenseitig bleibt die Hauptlast bei den Lohn- und Massensteuern, also ebenso bei der Arbeiterklasse, womit sich das Kapital saniert.

Nötig wäre die Erkenntnis über die Zusammenhänge. Österreichische und osteuropäische Arbeiter haben dieselben Interessen. Es sind dieselben Banken, dieselben EU-Institutionen und dieselben Mechanismen des Imperialismus und Kapitalismus, die sie bedrohen, ausbeuten und ruinieren. Der herrschenden Minderheit gelingt es jedoch recht gut, dauernd ein geeintes Europa zu propagieren und gleichzeitig die verschiedenen Nationen gegeneinander auszuspielen: wohlhabendere gegen arme, fleißigere gegen faule, ehrliche gegen Lügner. Die wirklichen Lügner stehen aber immer im jeweiligen eigenen Land und sitzen in den Regierungen, die sich regelmäßig in Brüssel zusammenrotten. Zeit, sich auch zusammenzurotten. Denn wir sind Millionen und mehr als eine Handvoll Millionäre.

Gedruckt veröffentlicht in „vorneweg – Zeitung für Veränderung", Wien, Ausgabe 3/2012; im Internet veröffentlicht auf www.kjoe.at am 14. August 2012.

Danaergeschenke, made in Germany

„Timeo Danaos et dona ferentes.“ – „Ich fürchte die Griechen, selbst wenn sie Geschenke bringen“, rief Laokoon, um seine trojanischen Mitbürger davon abzuhalten, das hölzerne Pferd in die Stadt zu bringen. Natürlich vergeblich, denn man kennt das Ende der Geschichte – nicht erst seit Vergils „Aeneis“, aus der dieses Zitat stammt, sondern schon seit Homers „Ilias“ und davor. Jedes griechische Kind weiss heute, dass Danaergeschenke besser nicht angenommen werden sollten, da sie Unheil in sich bergen, im konkreten literaturhistorischen Fall schwer bewaffnete Griechen, die Nächtens aus dem Pferd klettern, die Stadttore öffnen, ihre Kampfgefährten hereinlassen und Troja dem Erdboden gleichmachen. Bei den Danaergeschenken unserer Tage sind die Griechen jedoch nicht die Absender, sondern die Empfänger.

Die „Griechenlandhilfe“ der Europäischen Union bzw. der Euro-Zone ist nun nicht gerade ein geglücktes Trojanisches Pferd, denn die Beschenkten wissen durchaus, welcher Art die Präsente sind. Einen ordentlichen Pferdefuss haben die zusammengezimmerten Pakete allemal, das ist in Griechenland allen klar. Anders in Mittel- und Westeuropa, wo sich die politischen Eliten geradezu als Wohltäter inszenieren, was ihnen von der Bevölkerung auch noch abgekauft wird. Also schauen wir ihm ins Maul, dem verschenkten Gaul!

Wenn das Finanzkapital Geld auf eine Reise schickt, dann weiss es nicht nur, dass es wieder zurückkommt, sondern auch, dass es sich dabei auf wundersame Weise vermehrt. Das ist bei den Überweisungen nach Athen letztlich nicht anders. Die Linke spricht gerne von Umverteilung, von oben nach unten und von Nord nach Süd. Doch es sind die westeuropäischen Monopole und ihre politischen Ausschüsse, auch Regierungen genannt, die die Umverteilung auch wirklich umsetzen – bloss in die andere Richtung.

Ein jeder Staatshaushalt hat eine Haupteinnahmequelle, nämlich die Massensteuern, die von der Masse der arbeitenden Menschen eingebracht werden, während Kapital, Eigentum, Reichtum und Unternehmensgewinne im weitaus geringeren Ausmass beitragen. Ausgabenseitig kehrt sich dies um: Sozialleistungen, die Finanzierung von Gesundheit, Bildung und Daseinsvorsorge werden gekürzt, für (zeitlich begrenzte) Standortgarantien gibt es immer noch Milliardensubventionen an Konzerne, für „notleidende“ Banken Milliardengeschenke, für die Rüstungsindustrie Milliardenaufträge.

Das ist in Griechenland nicht anders. Das verschobene Geld wird natürlich nicht, wie uns unsere Medien vorgaukeln, vorrangig für Löhne und Renten in Griechenland verwendet – denn die werden ja gerade massiv gekürzt –, sondern um Schulden oder zumindest Zinsverpflichtungen bei westeuropäischen Gläubigerbanken zu begleichen, um weiterhin massenhaft deutsche Waren zu importieren sowie um weiter aufzurüsten. Der Schuldenschnitt um 50% setzt die Spirale fort: Die Rekapitalisierung der Banken wird in Westeuropa Grossteils über die Finanzmärkte möglich sein, im Süden (Italien, Griechenland) hingegen nicht. Und im Zweifelsfall zahlt der Staat, d.h. wieder der einfache Steuerzahler. Der scheinbare Verlust wird für die westeuropäischen Banken und Versicherungen letzten Endes keiner sein.

Dann die „Teilkaskoversicherung“ des Euro-Rettungsschirms (EFSF) bezüglich südeuropäischer Staatsanleihen: Die potenziellen Ausfallshaftungen – und seien sie in einer Höhe von Billiarden Euro angesetzt – werden ihr vorgebliches Ziel nicht erreichen, das zeichnet sich bereits ab, denn keine Idee davon, dass die Zinsbelastungen bei griechischen (oder italienischen) Staatsanleihen sinken würde. Der griechische Staat kann sich weiterhin weder über die Finanzmärkte noch über Steuereinnahmen (diese sinken ja auch, weil die Produktion im Keller ist und die Arbeitslosigkeit steigt) Geld beschaffen.

Bezeichnend übrigens, dass man in Berlin und Brüssel nichts von den Euro-Bonds wissen will, die tatsächlich ein reales Mittel wären, es dem Süden zu ermöglichen, sich leichter und zu besseren Bedingungen zu finanzieren – dies aber eben indirekt auf Kosten von Staaten wie Deutschland, Frankreich, Niederlande oder Österreich, deren Staatsanleihen entsprechend nach unten nivelliert würden. Die Tatsache, dass die Schaffung von Euro-Bonds offensichtlich nicht in Frage kommt, verdeutlich recht hübsch den tatsächlichen Charakter der EU, bei der es natürlich nicht um eine gleichberechtigte und solidarische europäische Integration geht, sondern um die knallharte Durchsetzung nationaler imperialistischer Interessen, v.a. jener Deutschlands. Die EU ist mittlerweile ganz klar das Werkzeug Deutschlands, um in Europa seine Hegemonie zu etablieren, die anderen Staaten in Abhängigkeit zu bringen und auf dieser Basis auch global neue imperialistische Ansprüche stellen zu können.

Und dies ist die andere Facette der deutsch-„europäischen" Krisenpolitik: die Durchsetzung des politischen Diktats. In Berlin hat man gut begriffen, dass die Schulden-, Banken-, Euro- und EU-Krise eine Chance ist, die politische Vorherrschaft in Europa teilweise schon zu institutionalisieren. Die einzelnen nationalen Regierungen werden entmündigt und zu Befehlsempfängern degradiert, die Mittel hierzu bestehen teilweise schon (EZB, IWF), weitere sollen geschaffen werden (EU-„Wirtschaftsregierung"). Dann wird in Berlin, Frankfurt und Brüssel entschieden, wie die nationalen Budgets, die Lohn-, Sozial- und Wirtschaftspolitik und selbst die Verfassungsgesetzgebung in Athen, Lissabon und sogar Rom auszusehen haben. Ein weiterer Schritt zur Deutscheuropäischen Union, in der selbst Frankreich sich mit der Rolle des Juniorpartners zufrieden geben wird müssen. Indirekt bedeutet diese Entdemokratisierung auf europäischer Ebene sodann natürlich auch die Entsouveränisierung der Bevölkerungen.

Und wenn der griechische Premierminister – und sei es aus opportunistischen Gründen des Machterhalts – auf die wahnwitzige Idee kommt, eine Volksabstimmung durchführen zu lassen, dann wird ihm flott gezeigt, was das zivilisatorische Gut Demokratie, dessen Erstentwicklung uns die antike griechische Polis geschenkt hat, in der EU wert ist: nichts. Man bestellt den Athener Regierungschef, dessen Tage als solcher damit auch schon gezählt sind, an die Côte d'Azur, wohin man eben mal gejettet ist, planiert ihn und ersetzt ihn – kein Witz – durch einen Banker. Das ist die antidemokratische Fratze der EU – eine Selbstentlarvung sondergleichen.

Merkel, Sarkozy, Juncker, Lagarde und Konsorten sitzen am hohen Ross und blicken verächtlich herab auf die südeuropäischen Völker. Der Pöbel möge Pöbel bleiben und gefälligst Dankbarkeit zeigen für die Danaergeschenke, mit denen er beglückt wird. Die historische Chance für Deutschland, nun endlich das umzusetzen, was zweimal militärisch nicht gelungen ist, nämlich die Unterwerfung Europas, steht und fällt mit dem Euro und der deutsch dominierten EU. Diese nämlich, die EU an sich, ist sehr wohl ein Trojanisches Pferd, mit dem die Deutsche Bank, die Allianz AG, Daimler, VW, Siemens und die Bundeswehr überall unbemerkt einmarschieren wollen. Jetzt den

Griechen und in weiterer Folge allen anderen Völkern Europas, auch den deutschen Werktätigen, kann man nur zurufen: Zündet es an! Timete Germanos et dona ferentes!

Gedruckt veröffentlicht in „Vorwärts – Die sozialistische Zeitung“, Zürich, 67. Jahrgang, Ausgabe 41/42, 18. November 2011; im Internet veröffentlicht auf www.kominform.at am 16. Januar 2012.

Her mit den Eulen!

Das Wolkenkuckucksheim EU und die griechische Tragödie

Eulen nach Athen – γλαῦκ' εἰς Ἀθήνας – zu tragen, ist nach landläufiger Meinung sinnlos, als Tätigkeit wie als Ansinnen. Das entsprechende Sprichwort leitet sich ab von einem Dialog aus der Komödie „Die Vögel“, die der griechische Dichter Aristophanes vor rund 2400 Jahren verfasst hat. In ihr bauen die Vögel eine stark befestigte Stadt über dem Horizont (das „Wolkenkuckucksheim“), um die Götter im Himmel zu erpressen und die Menschheit auf Erden zu unterwerfen. Am Tage herrschen die Vögel über die Präsenz der Adler, Nächtens durch jene der Eulen. Der Plan gelingt, die Vögel gelangen an die Macht und ihr Imperium erstreckt sich über den gesamten Erdkreis.

Konkret geht es bei den Eulen des Aristophanes übrigens um die Art des Steinkauzes (Athene noctua), Gattung der Steinkäuze (Athene), Familie der Eigentlichen Eulen (Strigidae). Der Steinkauz nistet von jeher nicht nur gerne in Baumhöhlen und dergleichen, sondern auch in steinernen Hinterlassenschaften von Menschenhand wie z.B. Tempelanlagen – und daher schon seit über zweieinhalbtausend Jahren in der Akropolis von Athen. Das ist sehr sinnig, denn Athen heißt Athen, weil es nach der Göttin Athene benannt wurde, nachdem diese den Bewohnern der damals noch namenlosen Siedlung ein nützlicheres Geschenk (einen Olivenbaum nämlich) überbracht hatte als Poseidon (ein Salzwasserbrunnen – nun ja…?). Und da schnappt sich der Vogel eben in die Schwanzfedern, denn der weisen Athene symbolisch zugeordnet ist die mutmaßlich weise Eule, womit diese wiederum auch zum Symbol Athens wurde.

Damit war die Eule (respektive der Steinkauz) im antiken Athen gleich mehrfach multipräsent, nämlich zoologisch in verstädterter Wildbahn sowie darstellerisch gezeichnet und in Stein gemeißelt. Beides jedoch – das ist die Crux an tradierter Weisheit, die sich auf kurze Sprichwörter reduziert – sind nicht jene Begebenheiten, auf die Aristophanes tatsächlich anspielen wollte. Als Symbol der Schutzgöttin und der Polis fand sich die Eule nämlich auch auf der Rückseite der antiken Drachmen, d.h. der athenischen Silbermünzen. Somit war der eigentliche, hintergründige Vorwurf des Aristophanes, in Athen gebe es schon genug Geld, ja genug Reichtum (natürlich nur für eine oligarchische Minderheit) – gleichzeitig ein Seitenhieb auf die zunehmend imperiale Politik Athens zu jener Zeit. Denn das literarische bzw. dramatische Wolkenkuckucksheim entspricht natürlich dem realen Athen, die Vögel sind die athenische Oligarchie.

Und das Wolkenkuckucksheim unserer Tage ist freilich die (Deutsch-)Europäische Union, die Vögel sind das deutsche Finanzkapital, das die Menschheit – vorerst die Völker Europas – komplett unterwerfen möchte. Was wäre passender, als mit dem griechischen Volk zu beginnen? Und in diesem Sinn sitzen die machtlosen und erpressbaren Götter, die nichts für ihre Menschheit tun können und sich nur selbst retten wollen, in der griechischen Regierung. Für die deutsche Vorherrschaft sollen die Eulen (das Geld) und die Adler (die Militärmacht) sorgen.

Heute wird übrigens die zuvor erwähnte alt-athenische Eule (der Steinkauz) auf die Rückseite der griechischen Variante der Ein-Euro-Münze geprägt (auf der Zwei-Euro-Münze: Europa und der Stier…) – und auch dies passt sehr gut: Es ist in der Tat sinnlos, massenhaft Euro-Eulen nach Athen zu bringen, denn das Geld nützt nicht den arbeitslosen, hungernden und mittlerweile sogar in großer Zahl obdachlosen Menschen in Athen und anderen Städten, sondern es bedient bloß die Rückflüsse an westeuropäische Banken. Damit tut sich ein scheinbares, ziemlich bizarres Paradoxon auf: Je mehr Geld durch die EU nach Griechenland transferiert wird, desto ärmer werden die Menschen in Griechenland. Daraus kann man ein geradezu sphingisches Rätsel ableiten: Was wird immer nasser, je mehr es trocknet? (*)

Tatsächlich geht es aber um etwas Anderes. Tatsächlich gibt es auch in Athen genug Geld. Klingt komisch, wenn mehr als 20% der Bevölkerung unter der Armutsgrenze leben, an die 30% Arbeitslosigkeit herrscht und 20.000 Menschen in der griechischen Hauptstadt über dem Kopf kein Dach mehr haben, nicht einmal ein Fass. Doch wie überall im Kapitalismus ist das Geld nur ungleich verteilt, was ja auch dessen tieferer Sinn ist. Damit steht das griechische Volk in einer Zwei-Fronten-Auseinandersetzung, erstens gegen den imperialistischen Zu- und Durchgriff seitens Deutsch-Europas, zweitens gegen die eigene Oligarchie und deren sozialdemokratische, konservative und rechtsextreme Parteien, die gegenwärtig die Regierung bilden. Somit gibt es auch zwei Hauptaufgaben: Man muss sich dem Wolkenkuckucksheim EU entziehen und es zerstören; und den eigenen Kapitalisten, Reichen und Superreichen, deren Klassenherrschaft zu brechen ist, gilt die Forderung des Volkes: Her mit den Eulen!

(*) Lösung: ein Handtuch

Im Internet veröffentlicht auf www.kommunisten.at am 23. Februar 2012.

Sind die Griechen noch zu retten?

Vor etwa 150 Jahren sahen die europäischen Großmächte den „Kranken Mann Europas“ am Bosporus sitzen – heute siecht er dahin am Kanal von Korinth und darum herum. Griechenland sei, so der Tenor in den „reicheren“ EU-Staaten, ein Klotz am Bein der Euro-Zone und der EU insgesamt. Doch wie berechtigt ist diese Einschätzung?

Wie faul sind die Griechen?

„Diese Südeuropäer sind ja nicht gerade zum Arbeiten geboren.“ – Das ist eine der sozialchauvinistischen Weisheiten, die ich aus jener Zeit mitbekommen habe, als ich noch Mitglied in einem niederösterreichischen SPÖ-Bezirksparteivorstand war. Widersprochen hat damals – vor etwa zehn Jahren – niemand außer mir. Diese Ansicht, die selbst unter angeblichen „Linken“ kursiert, erhält durch die so genannte „Schuldenkrise“ in Griechenland neuen Aufschwung. Faulheit, Verschwendung und mangelnde Effizienz der Griechen hätten erst zu den Problemen geführt. Doch auch dieser Bereich der griechischen Mythologie ist eine reine Erfindung, wie ein kurzer Blick auf die nackten Zahlen zeigt: Während der durchschnittliche griechische Arbeitnehmer pro Jahr auf 2119 Arbeitsstunden kommt, entfallen auf einen österreichischen Arbeitnehmer „nur“ 1488. Während ein griechischer Arbeitnehmer jedes Jahr einen Urlaubsanspruch von 23 Tagen hat, sind es in Österreich 25. Während die Griechen durchschnittlich im Alter von 61,4 Jahren in Pension gehen, beträgt dieser Wert in Österreich 60,9 Jahre (das gesetzliche Antrittsalter ist in beiden Ländern gleich geregelt). Ähnlich verhält es sich mit der angeblich überbordenden Bürokratie: Der Anteil der öffentlich Beschäftigten an allen Erwerbstätigen beträgt in Griechenland 8%, in Österreich hingegen 12,9%, was im EU-Schnitt immer noch relativ wenig ist. – Nicht falsch verstehen: Forderungen wie Arbeitszeitverkürzung oder der Kampf gegen die Erhöhung des Pensionsalters sind aus Arbeitersicht höchst berechtigt und notwendig – nur offenbar sind sie dies in Griechenland noch weitaus offensichtlicher als in Österreich. Die griechische „Schuldenkrise“ ist in Wahrheit ein zwingendes Resultat der Weltwirtschaftskrise selbst, die aus nichts anderem als aus dem Wesen des Kapitalismus mit aller Folgerichtigkeit entspringt.

Wie hilfsbereit ist die EU?

Griechenland erhält Milliardenbeträge von der EU. Wofür? Um Löhne, Pensionen und Sozialleistungen für die griechische Bevölkerung zu bezahlen? Nein, weit gefehlt. Das Geld geht gleich wieder zurück an den Absender, nämlich an westeuropäische (v.a. deutsche und französische) Banken, Versicherungen und Rüstungskonzerne sowie für Güterimporte aus Deutschland. Im Gegenzug für den Geldtransfer verpflichtet sich die griechische Regierung, in Griechenland zu sparen. Das bedeutet: Je mehr Geld die EU nach Griechenland schickt, desto schlechter geht es der griechischen Bevölkerung. Arbeitsplätze werden abgebaut, Löhne und Pensionen gekürzt, Sozialleistungen gestrichen, das Gesundheits- und Bildungssystem ruiniert, Menschen landen auf der Straße. Die Katze beißt sich in den Schwanz: Die griechische Wirtschaft kommt so genau nicht „auf die Beine“, im Gegenteil. Die Steuereinnahmen für den griechischen Staat gehen weiter zurück. Die Zinsen für griechische Staatsanleihen werden nicht billiger. Griechenland kann sich nie wieder „selbst finanzieren“, wenn dies alles so bleibt. Natürlich weiß man das in Berlin, Brüssel und Frankfurt – aber man weiß eben auch, wie man nachhaltige politische Abhängigkeiten bzw. imperialistische Dominanz schafft. Die EU hilft nur sich selbst und verdient dabei sogar noch an den Zinsen.

Welche Perspektiven gibt es für Griechenland?

Keine griechische Regierung – egal, ob unter Führung der konservativen „Neuen Demokratie“ oder der neosozialdemokratischen SYRIZA, die lediglich Platzhalterin für die zertrümmerte PASOK ist – wird die griechische Bevölkerung retten, weder mit dem Euro noch mit der Drachme. Die Bevölkerung muss es selbst tun. Die wahre Griechenland-Rettung wird nicht an den Wahlurnen und schon gar nicht im Parlament stattfinden. Sie liegt gewissermaßen „auf der Straße“, wo die Volksmacht als Gegenmacht aufzubauen ist. Die Kommunistische Partei Griechenlands (KKE) und die Gewerkschaftsfront PAME bieten der Bevölkerung Weg und Ziel an: Eine antimonopolistische, antiimperialistische und antifaschistische Volksbewegung, deren Kern der revolutionär organisierte Teil der Arbeiterklasse ist, muss mit der EU selbst und damit mit dem Imperialismus als System brechen. Dies ist auch der Weg, der an die mögliche Überwindung des Kapitalismus insgesamt heranführt. Gelingt es der griechischen Arbeiterklasse und den fortschrittlichen Volksschichten nicht, diesen Weg der Befreiung und Selbstbestimmung (auch gegen die eigenen Kapitalisten und politischen Eliten) zu beschreiten, so ist Griechenlands Schicksal als Kolonie Deutsch-„EUropas" besiegelt – mit fataler Vorbildwirkung für das weitere deutsche Hegemonialprojekt in ganz Europa und darüber hinaus.

Gedruckt veröffentlicht in „KOMpass", Zeitung der Kommunistischen Gewerkschaftsinitiative – International (KOMintern), Ausgabe 2/2012.

Angela auf Kypros: Schaumparty!

Wer als Fremder an der Südküste Zyperns über die B6 von Limassol nach Paphos fährt, legt ein paar Kilometer vor dem Ziel unweigerlich – insbesondere, wenn es eine übereifrige Reiseleitung so geplant hat bzw. wenn noch eifrigere deutsche Mitreisende diesbezüglich insistieren – einen Zwischenstopp ein. Dies nämlich bei einer kleinen Bucht, in der einige Felsen aus dem bzw. ins Meer ragen. Einer davon ist der „Felsen der Aphrodite" und markiert jenen Ort, wo gemäß griechischer Mythologie die Göttin der Schönheit und Liebe, geboren aus dem Meeresschaum (Namensetymologie!), an Land ging. Dieser Geburtsvorgang schaut beim Renaissance-Paparazzo Botticelli ja recht hübsch und die Location in der zypriotischen Realität immer noch halbwegs idyllisch aus, letztlich aber handelt es sich hintergründig doch um eine ein bissel grauslichere Geschichte, denn ihr Ausgangspunkt ist die gewaltsame Kastration des Uranos durch seinen meuternden Sohn, von der wir uns hier lieber abwenden möchten.

Das bedeutet in Bezug auf Zypern freilich noch keine Zuwendung zum Ungrauslichen. – Ja, ganz recht, die finanzkapitalistischen Schaumschläger vom Dienst, EU, EZB und IWF, retten wieder, nämlich den Finanzkapitalismus, der durch die Schuld des Finanzkapitalismus in eine finanzkapitalistische Krise geraten ist. Nun geht es also um die zypriotischen Großbanken und den Staatshaushalt zu Nikosia, während wieder einmal vergessen wurde, dass die Insel u.a. auch von Menschen bewohnt wird. Lästig, aber zumindest kurzfristig nicht zu ändern.

Demgemäß kommen Merkel – quasi der Aphroditefels in der Krisenbrandung –, Lagarde, Draghi und Dijsselbloem – zumindest, seit sie das zypriotische Parlament auf obige Detailproblematik hingewiesen hat – ein bissel schaumgebremst rüber. Soll ja niemand glauben, sie seien Unmenschen. Daher wird das Geld der kleineren Sparer nun nicht direkt geklaut, sondern demnächst eben indirekt, bis auch in Zypern endlich täglich Delogierungen auf die Straße stattfinden, Schulkinder vor Hunger bewusstlos vom Sessel kippen und Kranke mangels Medikamenten nicht mehr behandelt werden können und in weiterer Folge die Pensionskassen per verfrühtem Exitus entlasten. Für die zypriotische Bevölkerung ist der lebensechte Alptraum garantiert.

In Deutschland kann man dann zum Schnäppchenpreis Traumurlaube („Wo die Götter Urlaub machen...") an den Stränden von Larnaka und Ayia Napa anbieten, mit Ausflug zum Aphroditefelsen, und für ein paar Euro extra ist sowieso alles möglich, da kann man sich dann sogar noch als Wohltäter fühlen. Ballermann war gestern, ab morgen Schaumparty auf Zypern! „Party on!", gilt dann auch für die deutschen Banken und Konzerne, hat man doch die Insel erfolgreich den russischen Klauen entrissen und ist mittels Kohle abermals weiter gekommen als die Wehrmacht – da leben die überschäumenden Träume von der Weltmacht mit ausreichend Sonnenplätzen.

Dass das höchste Erdengut klein und Träume letztlich wiederum nur Schäume sind, wusste allerdings schon Pedro Calderón de la Barca vor fast vierhundert Jahren. Mit historischer Gewissheit wird das deutsche Monopol- und Finanzkapital ein böses Erwachen erleben, Entmannung und Entmachtung inklusive, Endstation Abfluss.

Es handelt sich zwar um Erfahrungswerte aus der Tourismusbranche, aber auch für den finanzkapitalistischen Terrorismus gilt: Schaumpartys haben noch nie zu etwas anderem geführt als zu grotesken Rettungseinsätzen, zwanghafter Vomitation, massivem Hangover und ungewollten Schwangerschaften. Bei Karl Marx kann man nachlesen, womit der Kapitalismus schwanger geht. Aber darüber wurde Angela Merkel eh schon in der Grundschule aufgeklärt.

Im Internet veröffentlicht auf www.kominform.at am 25. März 2013.

Die EU und ihr Friedensnobelpreis

Na gut, ja, den Wirtschaftsnobelpreis hätte man der EU auch verleihen können, dann hätte es so richtig blöd ausgesehen. Aber Frieden? Da kann man immerhin sagen: Mein Gott, wenn ein US-Präsident, der diverse Aggressionskriege weiterführt, neue beginnt, eine Reihe von Staaten militärisch bedroht und Killerkommandos auf Exekutionsterrorismus schickt, den Friedensnobelpreis bekommen kann, dann ist das mit der EU eigentlich auch schon egal. Das Preisgeld von etwas über 900.000 Euro kann die EU sicher brauchen, zumal es zum Glück in schwedischen Kronen ausbezahlt wird. Nach der Begründung des norwegischen Friedensnobelpreiskomitees erhält die EU den Preis für „den erfolgreichen Kampf für Frieden und Versöhnung und für Demokratie sowie die Menschenrechte; die stabilisierende Rolle der EU bei der Verwandlung Europas von einem Kontinent der Kriege zu einem des Friedens." – Schön!

Also 60 Jahre Friedensprojekt Europa oder so. Meinetwegen: Wenn Frieden die Abwesenheit von Krieg ist, dann stimmt's ja ein bissel. Tatsächlich gab es zwischen 1949 (Ende des Griechischen Bürgerkrieges) und 1991 (Beginn der Balkankriege, in Slowenien) keine Kriege in Europa, abgesehen von einigen zypriotischen Querelen. Das heißt aber nicht, dass die EG-/EU-Staaten keine Kriege geführt haben – sehr wohl, aber eben nicht untereinander und bloß außerhalb von Europa, so insbesondere Großbritannien, Frankreich, Spanien, Belgien, die Niederlande oder auch Portugal, nämlich im Sinne von Neo- und ganz altertümlichen Kolonialkriegen in Afrika und Asien. Und gleich mehrere europäische Staaten beteiligten sich am Koreakrieg, an den diversen Golfkriegen sowie – wahrlich nicht zuletzt – 1999 am Krieg gegen das serbisch-montenegrinische Jugoslawien (Ist das jetzt in Europa? Na jedenfalls nicht in EUropa.). Damit wurde auch Deutschland wieder unmittelbar aktiv.

Aber egal, so global muss man in Oslo und Brüssel ja nicht denken, ein ordentlicher Eurozentrismus muss ja auch irgendwo Schluss, wenn Sinn machen. Bleibt immer noch die Periode 1949-1991, die ohne Krieg in Europa verlief. Stellt sich die Frage: Ist das wenigstens der EG zu verdanken? Klare Antwort: Jein. Die EGKS-, EAG-, EWG- und EG-Gründung ist ein Projekt des damaligen kapitalistischen Teils Europas, v.a. der imperialistischen Hauptmächte auf dem Kontinent, zunächst der BRD, Frankreichs, Italiens und der Benelux-

Staaten, dann inklusive Großbritanniens, Irlands und Dänemarks, zuletzt mit Spanien, Portugal und Griechenland. Der Zweck war durchaus auch auf die Abwesenheit von Krieg gerichtet, denn die beiden Weltkriege hatten eines gezeigt: Sie schwächen den Imperialismus in Europa und stärken den Sozialismus. Ein Ergebnis des Ersten Weltkrieges waren die Oktoberrevolution in Russland und die Schaffung der UdSSR. Ergebnisse des Zweiten Weltkrieges waren antifaschistische Volksdemokratien bzw. sodann sozialistische Staaten in ganz Ost- und Südosteuropa (mit Ausnahme Griechenlands), außerdem – global noch relevanter – die Gründung der Volksrepublik China 1949.

Und damit haben wir das ominöse Jahr vor uns, von dem an es bis 1991 keine Kriege in Europa gab. Es ist nicht nur das Jahr der Gründung der VRC, sondern auch der DDR und der Volksrepublik Ungarn, im Vorjahr war u.a. die ČSSR geschaffen worden und die kommunistischen Regierungen in Polen, Rumänien und Bulgarien hatten sich konsolidiert. Und in all diesen Ländern stand die Rote Armee der Sowjetunion. Im imperialistischen Westblock Europas (und in den USA) setzte sich die Einsicht durch: Einen weiteren Krieg untereinander kann man sich unter diesen Bedingungen nicht leisten, sonst steht die Rote Armee demnächst schon an der Atlantikküste. Es bedurfte daher transnationaler antisozialistischer und antikommunistischer Bündnisse, um dem weiteren Vormarsch des Sozialismus Einhalt zu gebieten: eines dieser Bündnisse war die EG. Ziel dieser Bündnisse war es, gemeinsam und intern halbwegs konfliktfrei den Kampf gegen die UdSSR und die sozialistischen Staaten zu führen. Der gemeinsame Kalte Krieg gegen den Sozialismus ersetzte die echten Kriege innerimperialistischer Natur. D.h. die Existenz der sozialistischen Staaten hatte den europäischen Imperialismen einen Friedenszwang auferlegt. Und mit dem Ende des europäischen und sowjetischen Sozialismus in den Jahren 1989-1991 war dieser Friedenszwang vorbei, folgerichtig war es dann auch schlagartig, nämlich schon im Sommer 1991, ebenso mit der Abwesenheit des Krieges in Europa wieder vorbei. Es wäre naiv, zu glauben, hier läge eine zufällige Scheinkorrelation vor.

Wenn diese „Friedensperiode“ von 1949 bis 1991 ausgezeichnet werden soll, so müsste der Preis dafür wohl posthum an Stalin, Wilhelm Pieck, Tito, Enver Hoxha, Mao Tse-tung und ihre Genossen gehen. Denn ohne sie wären der deutsche, französische, britische und italienische Imperialismus und ihre Verbündeten nicht 40 Jahre lang zum Frieden in Europa verpflichtet gewesen. Auch schön. Wichtiger aber ist die Feststellung: Diese Periode ist zu Ende.

Es ist leicht, empört zu fragen: Warum bekommt ein kriegführendes, Besatzungstätigkeiten ausführendes, hochgerüstetes und militarisiertes imperialistisches Bündnis wie die EU den Friedensnobelpreis? – Man sollte aber auch die Aufrichtigkeit und den Mut haben, die wirklichen und die richtigen Fragen mit aller Konsequenz und allen Konsequenzen zu stellen.

Im Internet veröffentlicht unter dem Titel „Stalins Nobelpreis“ auf www.kominform.at am 13. Oktober 2012.

Sarajewo 1914/2014

Gegen den Imperialismus und seine Kollaborateure

Die gegenwärtigen Proteste in Bosnien-Herzegowina richten sich gegen die sozialen Missstände im Lande, die letztlich durch die Wiedereingliederung in das kapitalistische System zwingend folgten und die in der SFR Jugoslawien – ungeachtet anderer Probleme – unbekannt waren. Damit verbunden sind, erst recht in Zeiten der globalen kapitalistischen Wirtschaftskrise, nicht nur Armut, Arbeitslosigkeit, niedrige Löhne, ein asoziales Gesundheits-, Bildungs- und Pensionssystem, sondern auch die Etablierung einer offen und verdeckt korrupten Regierung, die in Kollaboration mit dem EU-Imperialismus in die eigenen Taschen wirtschaftet. Doch die Menschen in BiH lassen sich nicht mehr betrügen: Sie lassen sich nicht mehr nach Ethnie, Religion oder Schrift gegeneinander aufhetzen, sondern beginnen, die tatsächlichen und gemeinsamen Feinde zu erkennen.

Für den Imperialismus, seine Institutionen (IWF, Weltbank etc.) und insbesondere für die EU, die sich den Ost- und Südosteuropäern so gerne als messianische Heilsbringerin andient, ist das sehr unangenehm. Die Zerstörung Jugoslawiens und dessen Filetierung in appetitliche Häppchen hat man nicht zum Spaß betrieben, sondern zur Umsetzung imperialistischer Ansprüche und neoliberaler Ausbeutung. Um beides zu gewährleisten, waltet mit dem Österreicher Valentin Inzko (seit 2009) ein „Hoher Repräsentant“, der in Sarajewo quasi-diktatorische Vollmachten innehat und bis 2011 auch in Personalunion EU-Sonderbeauftragter war. (Wobei der Imperialismus da voll sensibel in der FYR BiH agiert: Inzko ist Angehöriger der slowenischen Minderheit in Österreich.)

Dennoch: Die imperialistische Statthalterschaft über Bosnien-Herzegowina ausgerechnet nach Wien zu vergeben, hat sich schon historisch bekanntlich nicht bewährt: Bereits der Berliner Kongress von 1878 hatte Bosnien und Herzegowina unter österreichische Verwaltung gestellt, woraufhin das Gebiet militärisch besetzt und 1908 schließlich auch ganz offiziell annektiert wurde. Da unklar war, ob BiH nun der cis- oder transleithanischen Reichshälfte zuzuordnen wäre, wurde es, nicht unoriginell, dem k.u.k. Finanzministerium unterstellt. In der Türkei, in Russland und nicht zuletzt in Serbien fand man das weniger gut, die Folgen sind bekannt: 1914 wurde der österreichische Thronfolger in Sarajewo erschossen, womit der willkommene Anlass für Österreich und Deutschland vorlag, den Ersten Weltkrieg zu beginnen – einen imperialistischen Krieg um Herrschaftsgebiete und Einflusssphären, die nicht nur politisch und geostrategisch, sondern auch ökonomisch von Bedeutung waren.

Das ist heute, ziemlich genau 100 Jahre später, nicht anders. Die österreichischen Banken und Konzerne sind der mit Abstand größte „Investor" in BiH – sie waren und sind es daher auch, die von allen aufgezwungenen Privatisierungen, Liberalisierungen und „Reformen", unter denen die bosnische Bevölkerung nun leidet, am meisten profitierten und profitieren. Zwar fehlt dem heute kleineren, aber durchaus engagierten österreichischen Imperialismus in seinem westbalkanischen Hinterhof die militärische Durchschlagskraft, aber die kann man sich ja von der EU leihen (zumal auch Deutschland und Italien hier ihre Interessen sichern müssen). Die letzten drei vor Ort amtierenden Befehlshaber der EU-Militärmission „Operation Althea" in BiH stellt(e) das österreichische Bundesheer, dessen eigentliche Abordnung, auch aufgrund der im Kosovo gebundenen Kräfte, relativ gering bleibt, wie das gesamte EUFOR-Kontingent zuletzt reduziert wurde. Aber, sollte die vorhandene militärische Präsenz nicht ausreichen, so stehen in der EU sowie aus den Reihen der KFOR unterstützende Truppen permanent bereit. Und die EUFOR könnte auch durchaus zur „Befriedung" von BiH eingesetzt werden, wie Inzko in all seiner imperialistischen Überheblichkeit schon medial verlautbaren ließ.

Das passt geradezu brillant: Die imperialistischen Okkupanten und Unterdrücker von 1878-1918 (und die faschistischen Kriegsverbrecher von 1941-1945) stehen wieder im Lande, militärisch und ökonomisch, und haben es fest im Würgegriff, assistiert durch einheimische Kollaborateure, fälschlich auch als Regierung bezeichnet. Sie alle wurden bereits in der Vergangenheit zweimal besiegt und vertrieben. Die antifaschistische Befreiung Sarajewos jährt sich dann im April nächsten Jahres zum 70. Mal – das wäre zwar ein sehr hübscher Anlass, dass auch Inzko und seine einheimischen Handlanger endlich aus ihren Serails und die EU-Besatzungsmacht aus ihren Kasernen und von den bosnischen Straßen verschwinden, aber besser, es wird nicht mehr so viel Zeit verschwendet. In Österreich gilt es – nicht nur für progressive jugoslawische Migranten, sondern auch für alle Demokraten, Linke und Antiimperialisten –, maximale Solidarität mit den sozialen Protesten in BiH, die sich mittlerweile auch auf die Nachbarstaaten ausweiten, zu üben.

Im Internet veröffentlicht auf www.parteiderarbeit.at am 11. Februar 2014.

Tombouctou, cinquante-deux jours

Unterwegs mit der imperialistischen Kriegskarawane, Station Mali

52 Tage seien es bis Timbuktu, behauptet ein häufig abgebildeter, nach Süden orientierter Wegweiser in Zagora am nördlichen Ende der Sahara. Wohlgemerkt: Mit dem Kamel. Doch Trampeltierkarawane und Trampelpfad durch den Wüstensand waren gestern, heute ist Mach 2: Die rund 1700 Kilometer Luftlinie schafft ein französischer Kampfjet vom Typ Mirage 2000D locker in weniger als 52 Minuten. „Opération Serval" also, womit der seit 11. Januar 2013 laufende französische Kriegseinsatz in Mali ganz treffend und trefflich benannt wurde, denn eine Raubkatze ist ja kein Lämmchen, ebenso wenig wie François Hollande.

Wieder einmal braucht es einen gestandenen Sozialdemokraten, um eine ordentliche imperialistische Intervention im neokolonialen Hinterhof durchzuführen. Obwohl Depardieu erfolgreich nach Russland abgeschoben werden konnte, war's zwar nix mit der Reichensteuer in Frankreich (die Bourgeoisie verweigert also den Kriegskredit), aber immerhin ist der Krieg da. Tolle Leistung. George W. Bush frisst bestimmt schon der Neid angesichts solcher militaristischer und militärischer Unverfrorenheit der Regierung Hollande. Der anerkennenden Rückbenennung der nunmehrigen Freedom Fries in wiederum French Fries im Texas-BBQ dürfte nichts mehr im Wege stehen.

Ein paar Fragen sind trotzdem noch offen!

Zum Beispiel für den einfachen islamistischen Terroristen und/oder Rebellen: In Syrien ist man hofierter Freiheitskämpfer, in Mali mit gleicher Agenda hingegen der Trottel vom Dienst? Kann doch wohl nicht sein!

Für die Militär-dominierte „Übergangs-", d.h. Putschregierung, die in Mali gegenwärtig an der Macht ist und Paris um Hilfe ersuchen musste: Vielleicht hätte man den ganzen Mist doch der gewählten, demokratischen Regierung, die man im März 2012 gestürzt hatte, überlassen sollen?

Für die Tuareg, die eine gerechte Sache vertraten, aber definitiv auch die falschen Freunde haben: Wirklich nötig, mit beiden Füßen in die Kamelscheiße zu treten?

Oder für die BRD-Regierung: In Paris entscheidet man sich autonom für einen Kampfeinsatz und fragt nicht einmal nach in Berlin? So stellt sich der Franzose also eine Lebensabschnittspartnerschaft vor? Patriarchaler Mist!

Auch für die USA: Zuerst labern die französischen Schwuchtel-Diplomaten in der UNO wegen dem Irakkrieg 2003 blöd herum, aber jetzt erweist sich die Pariser Regierung selbst als Schweinebande, wenn es für französische Konzerne was zu holen gibt? Und wer wird ihnen dann wieder den Arsch retten müssen?

Aber sogar für China: Gut genug, um die Dollar-Blase aufrechtzuerhalten, gut genug auch als potenzieller Euro-Retter, aber von afrikanischen Rohstoffen und Handelsvolumina, die gewohnheitsrechtlich westliches Raubgut zu sein haben, soll man sich gefälligst fernhalten?

Dann für das Nobelpreiskomitee: War das wirklich klug, der EU den Friedenspreis unterzujubeln, deren Chefmarionette Barroso geraden den Mali-Krieg uneingeschränkt begrüßt und die EU beteiligen will?

Nicht zuletzt für die Linke: War wieder mal voll wichtig und hat sich bewährt, die Sozialdemokratie zu unterstützen, oder?

Kurz: Da tun sich schon einige Widersprüche auf. Aber so ist das nun mal im Imperialismus als Weltsystem. Am heutigen 94. Jahrestag der Ermordung Rosa Luxemburgs (Sag nix! Sozialdemokraten?) fällt einem unweigerlich die „Periode der Weltkriege“ ein. Die ist momentan ganz gut sichtbar: Überall auf der Welt werden Kriege mit direkter oder indirekter Beteiligung der imperialistischen Staaten geplant und begonnen – aber offenbar immer seltener auch beendet, und wenn, dann nur mit entsprechender Okkupation: Im Irak und in Afghanistan, am Balkan, in Libyen, in Syrien, in Bahrain, im Kongo, Sudan und Tschad, in Somalia und sowieso permanent in Palästina, Kurdistan, Kolumbien und auf den Philippinen, jetzt halt auch noch in Mali, während der Iran weiter auf der Ersatzbank bleibt. So viele Bodentruppen („Profisoldaten“, versteht sich) und Metallsärge können die imperialistischen Staaten freilich gar nicht bereitstellen, deshalb inszeniert man eben „Stellvertreterkriege“, wobei an die Stellvertreter keinerlei demokratische, menschenrechtliche oder zivilisatorische Kriterien gestellt werden, was sich dann meistens irgendwann rächt. Trotzdem ist das alles nur Geplänkel, bevor es zu direkten Großmachtkonfrontationen kommt.

In Mali selbst lautet das angebliche Kriegsziel: Befreiung und Befriedung des Nordens binnen weniger Wochen. Es erscheint jedoch zweifelhaft – trotz aller Flugzeuge und Bomben –, ob die französisch-westafrikanische Interventionsstreitmacht in 52 Tagen Timbuktu erreicht und nachhaltig „befreien“ kann. Vielleicht hätten sie doch besser Kamele nehmen sollen.

Im Internet veröffentlicht auf www.kominform.at am 15. Januar 2013.

Neutralität und Bundesheer

[…] Zum Abschluss noch einige Worte zur Verbindung von Bundesheer und Neutralität, wie sie in Österreich oft ins Felde geführt wird. Wir haben einerseits gesehen, dass eine etwaige Abschaffung des Heeres zwangsläufig zum Verlust der Neutralität und der vollständigen Souveränität Österreichs führen muss. Die Abschaffung des Bundesheeres ist definitiv nicht mit der österreichischen Neutralität vereinbar, sowohl aufgrund der sodann fehlenden Verteidigungsmöglichkeit derselben als auch aufgrund der absehbaren Konsequenz einer notwendigen Integration in ein Militärbündnis oder zumindest der Abgabe von Souveränitätsrechten an ein solches bzw. den Militärapparat eines anderen Staates. Wir haben andererseits gesehen, dass die Berufsarmeen geradezu einen gar nicht so kleinen Baustein im Rahmen der Militarisierung der EU darstellen und dass eine solche in Österreich die Tür zur offenen NATO-Mitgliedschaft weit aufstoßen würde. – Sehen wir uns nun an, was die gegenwärtige verfassungsrechtliche Grundlage der Republik zum Verhältnis Militär und Neutralität überhaupt behauptet.

In Artikel 9a des österreichischen Bundesverfassungsgesetzes heißt es: *„Österreich bekennt sich zur umfassenden Landesverteidigung. Ihre Aufgabe ist es, die Unabhängigkeit nach außen sowie die Unverletzlichkeit und Einheit des Bundesgebietes zu bewahren, insbesondere zur Aufrechterhaltung und Verteidigung der immerwährenden Neutralität.“* [i] Damit ist die Neutralität als zentrales Element der Landesverteidigung definiert, womit auch gesagt ist: Ohne Heer keine Neutralität. Eine unbewaffnete Neutralität gibt es nicht. Dies entspricht auch dem Neutralitätsgesetz von 1955, das in Verfassungsrang steht: *„Zum Zwecke der dauernden Behauptung seiner Unabhängigkeit nach außen und zum Zwecke der Unverletzlichkeit seines Gebietes erklärt Österreich aus freien Stücken seine immerwährende Neutralität. Österreich wird diese mit allen ihm zu Gebote stehenden Mitteln aufrechterhalten und verteidigen.“* [ii] Demgegenüber werden der Unterordnung unter eine fremde Militärmacht, d.h. der Abgabe militärischer Aufgaben an andere Staaten, und der Mitgliedschaft in einem Militärbündnis eine Absage erteilt: *„Österreich wird zur Sicherung dieser Zwecke in aller Zukunft keinen militärischen Bündnissen beitreten und die Errichtung militärischer Stützpunkte fremder Staaten auf seinem Gebiete nicht zulassen.“* [iii]

Natürlich ist die Neutralität insgesamt längst massiv aufgeweicht und ausgehöhlt worden. Dies einerseits durch die bereits erwähnte Mitgliedschaft Österreichs in der NATO-„PfP“, andererseits durch die Entwicklung der EU seit dem Beitritt Österreichs 1995. Die praktische Teilnahme an den EU-„Battlegroups“ sowie die festgeschriebene „Gemeinsame Sicherheits- und Außenpolitik“ der EU, die fürderhin auch die gemeinsamen Verteidigungspolitik umfassen soll, ziehen die reale Bedeutung der österreichischen Neutralität stark in Zweifel, ebenso verschiedene Inhalte des EU-Vertrages von Lissabon. Tatsache ist, dass die EU, die zunächst wirtschaftliche und politische Gemeinschaftsziele im Mittelpunkt hatte, inzwischen längst auch Züge eines militärischen Bündnisses entwickelt hat – ein Aspekt, dem in der österreichischen Verfassung auch Rechnung getragen wurde. [iv] Offensichtlich wurde die Neutralität schlichtweg uminterpretiert, da ihre offene Abschaffung in der Bevölkerung höchst unpopulär wäre. Übrig bleibt im Wesentlichen die Vorgabe, nicht offen in ein reines Militärbündnis, namentlich in die NATO, einzutreten, somit also keine Neutralität im eigentlichen Sinne, sondern eine formelle Bündnisfreiheit.

Realistisch betrachtet, war dies informell freilich schon länger so. Die Beschlussfassung der Neutralität als Bedingung der Unterzeichnung des Staatsvertrages von 1955 und des Abzuges der Besatzungsarmeen war vorrangig ein Zugeständnis an die UdSSR, die berechtigt befürchten musste, dass Österreich der 1949 gegründeten NATO beitritt. Damit wurde die Eingliederung Österreichs in den antisozialistischen Westblock jedoch lediglich abgemildert. Schon ab 1948 nahm Österreich am US-amerikanischen ERP („Marshallplan“) teil und war dementsprechend 1960 Gründungsmitglied der OECD. Ebenfalls 1960 war Österreich Gründungsmitglied der EFTA. In beiden Organisationen befand sich Österreich in Gesellschaft mehrerer NATO-Mitglieder sowie des bis 1974 faschistischen Staates Portugal. Kurz: Die österreichische Neutralität war natürlich immer eine begrenzte. Und was es definitiv sowieso nicht geben kann, das ist eine Neutralität zwischen Kapitalismus und Sozialismus. Selbstverständlich stand Österreich immer auf der Seite der USA und Westeuropas, somit in feindlicher Position gegenüber den Staaten des Warschauer Vertrages. In dieser Hinsicht waren Österreich und sein Bundesheer immer in die militärischen Überlegungen der NATO eingebunden, wenn es um die angebliche „Verteidigung“ gegen die sozialistischen Staaten und insbesondere gegen die Armee der Sowjetunion ging – dies war auch das einzige Bedrohungsszenario, das die österreichische Verteidigungspolitik kannte. Seit es mit dem Ende des Warschauer Vertrages vor zwei Jahrzehnten als ständiges Schreckgespenst abhanden gekommen ist, hingen Bundesheer und Neutralität jeweils ein wenig in der Luft.

Für die österreichische Armee wurden jedoch bereits neue Betätigungsfelder gefunden. Das Bundesheer beteiligt sich nun auch außerhalb von UNO-Missionen an internationalen Militäreinsätzen und tritt am Balkan sogar als imperialistische Besatzungsarmee auf: Im Rahmen der KFOR im Kosovo, wo man seit 1999 unter NATO-Oberbefehl stationiert ist, sowie seit 2004 in Bosnien im Rahmen der „Operation Althea" der EU-Streitkräfte (EUFOR), wo man seit 2009 auch den Befehlshaber vor Ort (COM EUFOR) stellt. Ja, sogar bis nach Afghanistan hat es das Bundesheer schon geschafft, wo man allerdings quantitativ nur symbolisch in der ISAF präsent ist. Bislang mussten sich österreichische Soldaten für Auslandseinsätze freiwillig melden – mit der angestrebten Einführung eines Berufsheeres fiele diese Hürde für die internationale Einsatzfähigkeit des Bundesheeres freilich weg.

Doch wie steht es nun um die Neutralität? Wie wir gesehen haben, war und ist sie weit davon entfernt, real das zu halten, was sie am Papier verspricht. Man sollte deshalb keine falschen Hoffnungen in sie setzen. Aber das, was sie gewährleisten kann, ist durchaus verteidigenswert. Immerhin verhindert das Neutralitätsgesetz den offenen NATO-Beitritt mit allen Konsequenzen – das möge so bleiben. Immerhin ermöglicht der Neutralitätsstatus theoretisch eine glaubwürdigere aktive friedliche Konfliktlösungspolitik auf internationaler Ebene, wie es die SPÖ-Regierungen Kreiskys z.T. unternommen haben – hiervon ist heute zwar nichts mehr zu sehen, was aber auch der Überlassung des Außenministeriums an die ÖVP seit 1986 geschuldet sein mag (andererseits verfolgt Österreich heute, auch dank des Vehikels EU, wieder offener eigene imperialistische Interessen). Und immerhin verhindert die Neutralität, dass österreichische Soldaten in größerer Zahl an militärischen Interventionen imperialistischer Staatengruppen teilnehmen können. – Und genau hier treffen einander Neutralität und Wehrpflicht.

Denn eines ist auch klar: Um in relevanter Quantität und mit allen militär- und rüstungstechnischen Möglichkeiten bei künftigen imperialistischen Interventionen mitzumachen, benötigt Österreich eine Berufsarmee. Es ist kaum denkbar, dass in einer aufgeklärten fortgeschrittenen Informationsgesellschaft wehrpflichtige Soldaten an regelrechten Kampfeinsätzen wie in Afghanistan oder im Irak teilnehmen, denn das Wehrpflichtigenheer trägt in sich denn doch den Hauptgedanken der unmittelbaren Landesverteidigung, die auch im eigenen Land bzw. an dessen Grenzen stattfindet – ein Wehrpflichtigenheer, insbesondere im Falle kleinerer Staaten, taugt kaum für imperialistische Abenteuer in Asien oder Afrika. Einen Berufssoldaten hingegen kann man überall hinschicken. Wir finden hier also ein weiteres gutes Argument für die Beibehaltung der Wehrpflicht.

Unterm Strich ergibt sich daher in aller Klarheit eine Position für die Beibehaltung von Neutralität, Wehrpflicht und Milizsystem. Erstere gehört jedoch wieder ernster genommen, die beiden letzteren gehören in eine fortschrittliche Richtung radikal reformiert und demokratisiert. Somit sprechen wir von einer „Beibehaltung“, die dem Inhalt nach eine Kehrtwende um 180 Grad verlangt. Denn momentan entwickelt sich alles in die komplett falsche Richtung, an deren Endpunkt nichts Anderes stehen kann als imperialistische Kriege, an denen sich auch Österreich wieder aktiver beteiligt.

Fußnoten:

[i] B-VG Art 9a §1
[ii] Bundesverfassungsgesetz vom 26. Oktober 1955 über die Neutralität Österreichs, Art 1 §1
[iii] ebd., Art 1 §2
[iv] vgl. B-VG Art 23j

Auszug aus dem Artikel „Wehrpflicht, Berufsarmee oder Abschaffung des Heeres?“, im Internet veröffentlicht auf www.kominform.at am 22. März 2011.

Der Pferdefuß im Latte Macchiato – ein Skandal von A bis Z

Die Erkenntnisse der Skandale der letzten Woche von A(mazon) bis Z(wiebelrossbraten): Im Kapitalismus werden ausländische Leiharbeiter besonders gnadenlos ausgebeutet, die Kapitalisten verkaufen uns Mogelpackungen und der Faschismus ist ein Werkzeug des Kapitalismus. – Das mögen in der Tat ganz erschütternde und erstaunliche Neuigkeiten sein für die heile Bobo-, Dada- und Nada-Welt der Grün-WählerInnen und Sushi-FließbandkundInnen, der sozialdemokratischen BetroffenheitsantitotalitaristInnen und Starbucks-Gourmands, der „Standard"-MeinungsempfängerInnen und I-Phone-ZentristInnen. Auf den Schock hin lohnt es sich dann schon Mal, einen von fünf Online-Shopping-Accounts für sieben Tage stillzulegen, einen Fiakergaul virtuell zu streicheln, nur noch beim Meinl am Graben („Ätsch, Rewe und Lidl!") einzukaufen und für spätestens 2015 dann wirklich ganz fix die Teilnahme an der Mauthausener Befreiungsfeier einzuplanen (wenn's nicht wieder mit dem Muttertag zusammenfällt, weil das geht gar nicht).

Nicht auszudenken, was noch alles an sapperlotigen Überraschungen – von A(mazonasschnabeltier) bis Z(alando-KZ) – ans Tageslicht kommen könnte, sicher scheint aber: Manager kassieren trotz Krise ab, die Banken werden auf unsere Kosten saniert, die Politiker belügen uns (und kassieren ab), das AMS verarscht uns, die Antiterrorkriege sind Vorwände für imperialistische Raubzüge, die USA sind der weltgrößte Schurkenstaat, Milliarden Menschen leben an und unter der Armutsgrenze, Millionen verhungern, die NATO wird für den Friedensnobelpreis nominiert, Bayern München wird Meister und in den Schwedenbomben finden sich Spuren von Rentierfleisch (na gut, letzteres muss nicht unbedingt stimmen).

Da kann man schon verzweifeln. Aber wer Kopf und Nase hoch trägt, wird durch Boykottaufrufe, Online-Petitionen, E-Mails an die Löwelstraße, Kerzenanzünden, Spendensammeln sowie Facebook-Kundgebungen und -Bekundungen den Kapitalismus gewissentlich zur Raison bringen können. Schließlich sind wir das Volk, nicht?

Oder man glaubt nicht an die zuverlässige Zufälligkeit wiederkehrender Einzelfälle als unvorhersehbare Betriebsunfälle im Kapitalismus. Denn Ausbeutung, Etikettenschwindel, Menschenfeindlichkeit,

Unterdrückung, Korruption und Wirtschaftskrisen sind halt leider immanente, ja eben systematische Bestandteile kapitalistischer Wirt-, Gesell- und Herrschaft. Es war bisher kein Geheimnis und ist es auch jetzt nicht, dass der Kapitalismus selbst der Skandal ist. Damit kann man sich abfinden oder nicht (Empfehlung: nicht). Jedenfalls darf man sich die in jedem Fall erstaunliche und erstaunte Betroffenheit sparen, die bei jedem kapitalistischen Skandal zu wuchern beginnt. Da kommt nämlich den wirklich betroffenen Menschen – von A(fghanistan) bis Z(ypern) – wohl das Kotzen, auch ohne unwissentlich den falschen Tierkadaver – von A(meisenbär) bis Z(ebra)? – verzehrt zu haben.

Im Internet veröffentlicht auf www.kominform.at am 18. Februar 2013; gedruckt veröffentlicht in der Zeitung „Uhudla", Wien, Nr. 99 (Juni 2013).

Heraus zum 9. Mai!

Der 9. Mai ist „Europatag". Das wussten Sie nicht? Ist Ihnen egal? Genieren Sie sich!

„Europa" (also, ähm … die EU halt) hat verschiedene Symbole, z.B. die EU-Flagge mit zwölf gelben Sternen auf blauem Grund, die EU-Hymne (der letzte Satz aus Beethovens Neunter Symphonie, nach Schillers „Ode an die Freude", aber eben ohne dessen Worte, d.h. nur instrumental) und einen eigenen Feiertag (9. Mai, wie gesagt). Na gut, man mag einwenden, dieser 9. Mai ist nirgends tatsächlich ein gesetzlicher Feiertag außer im Kosovo, das ja bekanntlich nicht in „Europa", sondern in Serbien liegt (die KFOR arbeitet noch daran). – Aber trotzdem!

Der 9. Mai ist Anlass, die EU einer Würdigung zu unterziehen, die ihr gebührt. Die Reihe der Verdienste ist immerhin lang!

Die EU hat erfolgreiche Verteidigungskriege gegen Jugoslawien und Libyen geführt.

Die EU stellt befreiungssichernde Besatzungsarmeen in Serbien und Bosnien-Herzegowina.

Die EU sichert den Weltfrieden durch ein Atomwaffenarsenal von rund 500 Sprengköpfen.

Die EU schützt ihre Außengrenze mit Todesfallen gegen afrikanische und asiatische Subjekte.

Die EU sorgt für die humanitäre Freiheit der Profitmaximierung tüchtiger Großkonzerne.

Die EU beschützt Arbeitnehmer vor Lethargie, Luxusflash und Lebensüberdehnung.

Die EU beschützt Arbeitslose vor Arbeit (und umgekehrt).

Die EU bezahlt Banken für's Banksein.

Die EU unterhält mit der AKW-Lobby besonders glühende Europäer.

Die EU schützt Schüler und Studierende vor nicht aufnehmbarem Bildungsüberschuss.

Die EU schafft die Armut per Verbotsbestimmungen gegen Arme ab.

Die EU liquidiert das Sozialschmarotzertum durch Abschaffung von Sozialleistungen.

Die EU beschützt uns vor dem drohenden Matriarchat.

Die EU beschert uns eine heizkostenreduzierende Erderwärmung.

Die EU schafft Platz für Kreuzfahrtschiffe durch Leerfischung der Meere.

Die EU unterläuft unsere lästige Vergesslichkeit, indem sie alle unsere Daten speichert.

Die EU beseitigt die Mühen demokratischer Partizipation.

Die EU entzieht die EZB und andere Institutionen unsachgemäßer Volkseinflüsse.

Die EU kämpft erfolgreich gegen Souveränitätswahn und autochthone Identitäten.

Die EU sichert Deutschland den Export-Weltmeister (wenn schon nicht Fußball-).

Die EU gibt Griechenland die Chance, sich wieder zurück in die Antike zu sparen.

Die EU beschützt die Länder der Dritten Welt vor unmündiger Selbstbestimmung.

Diese Liste ließe sich lange fortsetzen. Es ist an der Zeit, „Danke“ zu sagen! Feiern Sie den Europatag in aller Würde! Legen Sie Blumen vor einem EU-Botschaftsgebäude in Ihrer Nähe nieder (keine Kränze!), singen sie gemeinsam mit Gleichgesinnten die Europahymne (nur instrumental!), verbrüdern Sie sich mit befreundeten Bankern, Konzernmanagern, Militärs und Spitzenpolitikern! – Sie kennen keine? Sie Antieuropäer, Sie!

Im Internet veröffentlicht auf www.kominform.at am 8. Mai 2012.

Kommunistische Identität oder Linkspluralismus, Antiimperialismus oder Europäismus?

Erfahrungen aus Österreich

Die Kommunistische Partei Österreichs (KPÖ) verfügt über eine ehrenvolle Geschichte. Gegründet im November 1918, ist sie eine der ältesten kommunistischen Parteien der Welt, doch war sie damals zu jung, um die revolutionäre Situation am Ende und im Gefolge des Ersten Weltkrieges für den Sozialismus zu nützen. Nach einigen Verwirrungen und Irrungen des ideologischen Pluralismus gelang es ab Mitte der 1920er Jahre – unter Mithilfe des Komintern-Beauftragten Georgi Dimitroff und unter dem neuen Vorsitzenden Johann Koplenig –, eine klare marxistisch-leninistische Linie zu entwickeln, wenngleich der „radikalen" Phraseologie des sozialdemokratischen „Austromarxismus" (Otto Bauer u.a.) zunächst nicht beizukommen war. Dies änderte sich erst durch das realsozialdemokratische Scheitern: Nach dem Bürgerkrieg 1934 sowie in den Jahren der austrofaschistischen Diktatur (1934-1938) gewann die illegale KPÖ erstmals Masseneinfluss, viele enttäuschte Sozialdemokraten schlossen sich ihr an. In der Zeit der NS-faschistischen Herrschaft in Österreich (1938-1945) wurde die KPÖ zur wichtigsten Säule des antifaschistischen Widerstandes und des nationalen österreichischen Freiheitskampfes.

Gegen den Revisionismus

Dieser Einsatz wurde der KPÖ nach 1945 nicht gedankt. Die ehemaligen „christlichsozialen" Austrofaschisten, neu organisiert als Österreichische Volkspartei (ÖVP), und die SPÖ bildeten einen antikommunistischen Block, gegen den die KPÖ wenig ausrichten konnte. Elf Jahre Faschismus, Jahrzehnte sozialdemokratischer Propaganda, die öffentliche Darstellung der großen Streikbewegung 1950 als kommunistischer Putschversuch und die Diffamierung der sowjetischen Befreiungsarmee sowie der benachbarten Volksdemokratien durch SPÖ und ÖVP sorgten für Verhältnisse, unter denen der Einfluss der KPÖ zwar nicht unbedeutend, aber letztlich zu gering blieb. 1947 schied sie aus der Bundesregierung aus, 1959 aus dem Nationalrat (Bundesparlament), 1970 aus den letzten Landtagen.

Ideologisch zeigte sich die KPÖ in diesen Jahrzehnten als widerstandsfähig. In der zweiten Hälfte der 1960er Jahre bildete sich um Ernst Fischer eine revisionistische Fraktion in der Partei, doch diese Krise konnte bis 1970 zugunsten der Marxisten-Leninisten unter entscheidender Einbeziehung des Zentrismus bewältigt werden. Auch die Periode des „Eurokommunismus“ überstand die KPÖ ohne Schaden, mehr noch: 1982 beschloss sie mit „Sozialismus in Österreichs Farben“ ein neues Parteiprogramm, das eine antimonopolistische Strategie zum Sozialismus vorstellte. Dieses programmatische Dokument,über 30 Jahre alt und in der KPÖ natürlich längst entsorgt, ist das bislang letzte marxistisch-leninistische Programm einer kommunistischen Partei in Österreich.

Die Konterrevolutionen in Europa 1989/90 führten in der KPÖ, wie in den meisten kommunistischen Parteien, zur umfassenden Hinterfragung ihrer selbst. 1990 übernahm Walter Silbermayr die Parteiführung und orientierte auf die Liquidation der KPÖ und die Schaffung einer reformistischen, pluralistisch-allgemeinen Linkspartei. Dies wurde von der Basis nicht mitgetragen, weshalb er schon 1991 zurücktrat. Eine neue, dreiköpfige Parteileitung, darunter Otto Bruckner, wurde gewählt. Walter Baier wurde zunächst Bundessekretär, 1994 schließlich Bundesvorsitzender der KPÖ. Damit kam die liquidatorisch-transformatorische Agenda langsam wieder auf die Tagesordnung, die letztlich in der Kontinuität des modernen Revisionismus der 1960er Jahre sowie Silbermayrs stand.

Gegen das Liquidatorentum

Die Gruppe um Baier ging daran, die KPÖ ihrer kommunistischen Identität zu entkleiden: Sie sollte weder marxistisch-leninistisch (v.a. nicht leninistisch) noch Arbeiterpartei sein, sondern eine pluralistische und reformistische Linkspartei, noch besser eine „zivilgesellschaftliche“ (Pseudo-)Bewegung, die vorrangig auf „gesellschaftskritische Intellektuelle und Künstler“ orientieren müsse – also eine kleinbürgerliche Besserwisser-Avantgarde ohne proletarische Basis, ohne Verbindung zu den arbeitenden Menschen in den Betrieben.

International wurde der Internationalismus durch dumpfen Kosmopolitismus und Europäismus ersetzt. Dies bedeutete die Entsolidarisierung gegenüber den verbliebenen sozialistischen oder sozialistisch orientierten Ländern (z.B. Kuba) sowie gegenüber revolutionären und antiimperialistischen Befreiungskämpfen, wobei auch das Eindringen der antinationalen Propaganda eine Rolle spielte. In der „europäischen Frage“ wurde die Jahrzehnte alte Ablehnung der EU- (bzw. EG-) Mitgliedschaft Österreichs zunächst verwässert und schließlich wurde die Wiederaustrittsforderung auf antimonopolistischer Grundlage gänzlich fallengelassen. Bei der Geschichtsbetrachtung kam es zur Generalabrechnung mit der UdSSR und den sozialistischen Staaten Europas („Antistalinismus“), deren progressive Bedeutung negiert wurde und wird. Kurz, das komplette Arsenal des Revisionismus wurde in Stellung gebracht und die Partei selbst für deklarierte Antikommunisten geöffnet.

Natürlich gab es gegen diese Bestrebungen parteiinternen Widerstand. Vor allem die KPÖ-Landesorganisationen Steiermark und Tirol sowie einige Wiener Bezirksorganisationen formierten sich zu einer losen Linksopposition, zu der auch der Jugendverband KJÖ zu rechnen war. Am 32. Parteitag 2003 stand man sich schließlich mit etwa gleich großen Blöcken gegenüber: Baier wurde nochmals – knapp – Vorsitzender, andere Positionen wurden bereits von der Opposition besetzt. Da für die Parteiführung absehbar war, dass man am 33. Parteitag 2004 keine Mehrheit mehr zustande bringen würde, wurden administrative Maßnahmen gegen die Opposition ergriffen. Die Tiroler Landesorganisation und die Bezirksorganisation Wien-Ottakring wurden unter Fraktionsvorwurf aufgelöst, führende Köpfe der Opposition wurden ausgeschlossen, weiteren wurde die Erneuerung des Mitgliedsbuches verweigert, die marxistisch-leninistisch dominierte Programmkommission wurde abgesetzt, missliebige Personen wurden mit phantasievollen Klagen vor Gericht gezerrt, Lokale wurden versperrt, KJÖ und KSV (Kommunistischer StudentInnenverband) wurden vor die Türgesetzt – und alles mit einem eigentlich statutenwidrigen Parteitag „abgesegnet“. Damit verblieb die KPÖ Steiermark als einzige oppositionelle Struktur in der KPÖ.

Eintritt in die EL führte in die Bedeutungslosigkeit

In diese Zeit, im März 2004, fällt auch der – von der Linksopposition natürlich vehement abgelehnte – Beitritt der KPÖ zur „Europäischen Linkspartei“ (EL), der von keinem Parteitag legitimiert wurde. Es fehlen hier Zeit und Raum, den Charakter der EL ausführlich zu umreißen. Eines jedoch ist klar, dass es sich bei der EL um die linkspluralistische und letztlich antikommunistische Ergänzung auf transnationaler Ebene handelt, die ihrerseits ihre zersetzenden Rückwirkungen auf die nationalen Parteien hat. Das war auch der Zeitpunkt, an dem Baier den KPÖ-Vorsitz gefahrlos an Mirko Messner übergeben konnte, was 2006 geschah. Baier ist nun Koordinator des EL-Bildungsnetzwerkes „transform!".

Um die Folgen dieser gesamten Entwicklung zu skizzieren, genügt ein Vergleich zwischen der steirischen KPÖ-Landesorganisation und der KPÖ-„Bundesorganisation"/EL. Während die KPÖ in der Steiermark vor Ort und in der Bevölkerung fest verankert und seit 2005 wieder im Landtag vertreten ist, außerdem zig Gemeinderäte sowie sogar Mitglieder in Stadtregierungen und eine Vizebürgermeisterin stellt, ist die KPÖ/EL in Wien, Niederösterreich, Oberösterreich, Salzburg und Tirol eine Chimäre – und in den Bundesländern Burgenland, Kärnten und Vorarlberg ist sie gar nicht existent – fast ohne betriebliche und kommunale Bastionen. Das gilt auch für die gesetzliche Arbeitnehmervertretung „Arbeiterkammer" (AK). Während die KPÖ in der Steiermark zwei AK-Mandate auf Basis vieler Betriebsräte stellt, kommt die KPÖ/EL unter dem Namen „Gewerkschaftlicher Linksblock" (GLB) auf ein einziges Mandat in Wien, das nur mit Glück gehalten werden konnte. Die neue, klassenkämpferische Liste „Kommunistische Gewerkschaftsinitiative" erhielt auf Anhieb massiven Zuspruch und ebenfalls ein Mandat. Während die KPÖ Steiermark rund 400 aktive Mitglieder im ganzen Bundesland hat, treffen sich zum Wiener KPÖ-Spaziergang am 1. Mai jedes Jahr nicht mehr als 200 Menschen.

Kampf um die Partei verloren – Neuaufbau nötig

Unterm Strich kann – und muss leider – gesagt werden, dass es außerhalb der Steiermark gelungen ist, die KPÖ gänzlich in die Bedeutungslosigkeit zu führen und jeder ernsthaften ideologischen Basis zu berauben. Der Versuch, die mangelnde Bedeutung über die EL zu kompensieren, ist nicht nur zum Scheitern verurteilt, sondern verstärkt die Problematik sogar. Beliebigkeit und Abgehobenheit der EU-konformen EL interessieren keinen Arbeiter und keine Arbeiterin. Die ehrenvolle Geschichte der KPÖ ist vergessen, die Partei als solche wurde ruiniert.

Die ganze Entwicklung zeigt auch, dass der Kampf um die KPÖ für die österreichischen Marxisten-Leninisten leider verloren ist. Sie mussten und müssen den beschwerlichen Weg des Neuaufbaus gehen. Dies geschieht seit 2005 in der Kommunistischen Initiative (KI), seit 2009 in der Kommunistischen Gewerkschaftsinitiative (KOMintern), in der Kommunistischen Jugend (KJÖ) und im Kommunistischen StudentInnenverband (KSV). Auf dieser Basis soll eine neue marxistisch-leninistische Kampfpartei der österreichischen Arbeiterklasse entstehen. Gegenwärtig wird für Oktober 2013 der Gründungskongress der „Partei der Arbeit Österreichs" (PdA) vorbereitet.

Gedruckt veröffentlicht in „Theorie und Praxis – Sozialismus in Wissenschaft und Politik", München, Ausgabe 32 (Mai 2013); im Internet veröffentlicht auf www.theoriepraxis.wordpress.com am 3. Juni 2013.

Das Elend der EL

Zu Charakter und Bedeutung der „Europäischen Linken“

Die 2004 ins Leben gerufene „Partei der Europäischen Linken“ (EL) ist in den kommunistischen und Arbeiterparteien Europas und darüber hinaus umstritten – und dies nicht gerade zu Unrecht. Anlass zu Kritik geben organisatorisch-strukturelle Belange, inhaltlich-ideologische sowie strategische, wobei hier freilich ein Zusammenhang besteht.

Die EL ist eine „europäische“, d.h. EU-Partei, die sich gemäß der „Verordnung Nr. 2004/2003 des EU-Parlamentes und des Rates von 4. November 2003 über die Regelungen für politische Parteien auf europäischer Ebene und ihre Finanzierung“ gebildet hat. Das bedeutet, „sie beachtet insbesondere in ihrem Programm und in ihrer Tätigkeit die Grundsätze, auf denen die Europäische Union beruht“ (Artikel 3c). Ähnlich ist es mit der Finanzierung: Die EU-Parteien erhalten Finanzmittel aus dem EU-Gesamthaushaltsplan, wenn sie einen entsprechenden Antrag stellen und dieser bewilligt wird. Hierbei werden das politische Programm und die Satzung gemäß obigen Kriterien und gemäß weiterer, juristischer und finanztransparenter, Kriterien begutachtet. – Kurz: Die EL unterwirft sich also dem Regelwerk und der grundsätzlichen Ausrichtung der EU und hat sich dazu zu bekennen, andernfalls verliert sie ihren Status als EU-Partei und/oder die finanziellen Zuwendungen der EU, die rund 75% des EL-Budgets ausmachen.

Es drängt sich die Frage auf, wie „alternativ“ und „kritisch“ die EL sein kann bzw. überhaupt darf, wenn ihre Tätigkeit und Existenz direkt von der EU bezahlt werden. Tatsache ist, dass die EU mit obiger Verordnung einen Rahmen – besser wohl: ein Korsett – geschaffen hat, mit dem sie hörige Parteien erhält, die nicht ernstlich aufbegehren (können) gegen den politischen und ökonomischen Status quo, schon gar nicht gegen das EU-System, denn die Parteien sind selbst integraler Bestandteil desselben. Die EU kanalisiert somit alle politischen Strömungen, wie es sich in einer ordentlichen Demokratieillusion eben gehört: Sie hält sich konservative, liberale, grüne und sozialdemokratische Regierungsparteien – staats- und EU-tragend –, außerdem rechte und rechtsextreme Parteien, die als Speerspitzen des Monopolkapitals agieren und gleichzeitig die (durchaus berechtigte) EU-Kritik einsammeln sollen, sowie eben eine loyale „Links“-Opposition, die im Krisenfall auch regierungstauglich werden, den vorgegebenen Rahmen aber natürlich nicht verlassen kann. Natürlich ist eine solche „Opposition“ nutzlos, denn sie ist eine Scheinopposition, die wohl ein bisschen moralisieren darf, ansonsten aber handzahm zu bleiben hat. Der soziale Protest, der Widerstand gegen die EU und den Imperialismus, aufkeimende Klassenkämpfe oder gar revolutionäre Intentionen sollen damit im Sinne der EU domestiziert werden. Insofern ist die EL die Absicherung für den Fall, dass die alte Sozialdemokratie (wie gegenwärtig in Griechenland) endlich so weit zusammenbricht, wie es ihr gebührt – die neue Sozialdemokratie der EL steht als Auffangbecken für die WählerInnen schon bereit. Zur historischen Tragödie des Zusammenbruchs der II. Internationale vor 100 Jahren ist die EL nun die Farce. Dementsprechend sehen, durchaus zwangsläufig, auch ihre Inhalte und Ziele aus.

Die EL kann unter diesen Bedingungen gar nichts anders, als lediglich Reformismus und Illusionen anzubieten. Beides beinhalteten die maßgeblichen nationalen Gründungsparteien der EL – wie die italienische Rifondazione oder die deutsche PDS, heute „Die Linke“ – natürlich schon von vornherein, während auf kommunistische Parteien, die zu dieser Formation stoßen, die EL-Programmatik rückwirkend Einfluss haben soll: Marxismus (von Leninismus gar nicht zu reden), Klassenkampf und Antiimperialismus, das Bekenntnis zu den positiven Errungenschaften des „Frühsozialismus“ in der UdSSR und Europa, die konsequente Solidarität mit Kuba sowie das Ziel der sozialistischen Revolution haben in der EL keinen Platz und sind dort auch unerwünscht. Bislang hat sich dieser im Kern geradezu antikommunistischen Dogmatik und Repression der EL nur eine Partei wieder entzogen, nämlich die Ungarische Kommunistische Arbeiterpartei, die 2009 aus der EL ausgetreten ist: Sie hatte das Rückgrat, ihre langsame Entwaffnung umzukehren; sie lehnte es ab, dass seitens der EL die sozialistische Vergangenheit Ungarns und anderer Länder mit dem bürgerlichen Kampfbegriff des „Stalinismus“ diffamiert wird, und sie wollte sich auch das Werkzeug des Marxismus-Leninismus nicht von der EL aus den Händen schlagen lassen. Seither gibt es auch in anderen EL-Mitgliedsparteien oder Beobachterparteien verschiedentlich starke Stimmen, welche die Verortung ihrer Parteien überdenken möchten, da nun mal niemand gerne sehenden Auges in den Sumpf gezogen werden will.

Zurück zur EL-Programmatik. Dass die Grundsätze einer revolutionären Partei und erstrecht natürlich etwaige Wahlprogramme selbstverständlich auch immer Übergangsforderungen und Reformziele definieren, versteht sich von selbst und ist auch richtig so. Ebenso richtig ist es für eine revolutionäre Partei, sich zu Bündnissen mit anderen Parteien, Organisationen und Bewegungen zu bekennen. Aber beides kann nicht zum Selbstzweck und schon gar nicht zum alleinigen Selbstverständnis werden. Reformziele und Bündnispolitik müssen immer in eine revolutionäre Gesamtstrategie eingebettet sein. Bei der EL ist das freilich nicht der Fall: Es handelt sich um bloßen Reformismus, der behelfsmäßig überdacht wird mit einer nebulosen Forderung nach einer „solidarischen Gesellschaft", in der die Logik des Kapitalismus in irgendeiner Weise durchbrochen sein soll. Erreicht wird dies mit „demokratischen Mitteln" (des bürgerlich Staates) und auf „transformatorischem" Wege. Die ideologische Beliebigkeit als angeblicher „Pluralismus" ist nichts als eine Entideologisierung und diese soll die EL-Parteien zudem zu gern gesehenen Mosaiksteinchen irgendwelcher herbeiphantasierter „bunter Bewegungen" machen oder sie selbst zu einer „Bewegung der Bewegungen", wobei die Arbeiterbewegung, wenn überhaupt, da nur am Rande eine Rolle spielen darf.

Gut, soll sein – auch dafür ist im bürgerlichen Parteienspektrum und im bürgerlichen Parlamentarismus Platz. Faktum ist aber: Ein solcher Platz, wie ihn die EL ausfüllt, ist gewiss nicht der einer kommunistischen Partei, sofern sie ihren Namen nicht nur als bloßes Etikett ohne Inhaltsgewähr betrachtet. Kommunistische Parteien, die ihren Namen verdienen und ihn mit Stolz, Aufrichtigkeit und Zuversicht tragen, die sich zur Arbeiterklasse, zum Klassenkampf, zur Revolution, zum Sozialismus und wahrlich nicht zuletzt zur Ablehnung der EU als imperialistisches Bündnis bekennen und dies in Programmatik und Praxis zum Ausdruck bringen wollen, sind in der EL oder an deren Rande nicht gut aufgehoben, denn dort sind sie nur der ernsthaften Gefahr ausgesetzt, ihren ureigensten Charakter zu verlieren, was ja auch der Zweck der EL-Formierung ist. Ratsamer erscheint es, sich dieser negativen Beeinflussung zu entziehen und somit dem Beispiel der Ungarischen Kommunistischen Arbeiterpartei zu folgen. In jenen Parteien, in denen die Diskussion hierüber eröffnet und offen ist, sind Entscheidungen in der einen oder anderen Richtung jedenfalls unausweichlich, denn der Charakter der EU-

Partei EL und kommunistische Organisierung im eigentlichen Sinne vertragen sich nicht auf Dauer.

Im Sinne der internationalen Solidarität und Zusammenarbeit auf europäischer Ebene müssen sich die tatsächlichen kommunistischen Parteien andere, eigenständige Strukturen schaffen. Ein Anstoß in diese Richtung ist mit der Gründung der „Initiative Kommunistischer und Arbeiterparteien Europas" am 1. Oktober 2013 in Brüssel erfolgt. Auf Einladung der Kommunistischen Partei Griechenlands (KKE) sammeln sich in dieser Struktur bislang 30 Mitgliedsparteien, darunter die bereits erwähnte Ungarische Arbeiterpartei (der Namensteil „kommunistisch" wurde kürzlich vom ungarischen Staat verboten) oder auch die neu gegründete Partei der Arbeit Österreichs. Es besteht Anlass zur Hoffnung, dass sich in der „Initiative" jene europäische kommunistische Kräftekonzentration frei von EU-Gängelung entwickelt, für die die EL nicht nur nicht stehen kann und will, sondern deren Be- und Verhinderung zu den wichtigsten Aufgaben der EL zählen.

Gedruckt veröffentlicht in „Theorie und Praxis – Sozialismus in Wissenschaft und Politik", München, Ausgabe 34 (Dezember 2013); im Internet auf www.theoriepraxis.wordpress.com am 21. Dezember 2013.

Die österreichische Sozialdemokratie – eine Autopsie

Zum Jahreswechsel 2013/14 wird die SPÖ ihren 125. Geburtstag begehen. Am 30. und 31. Dezember 1888 sowie am Neujahrstag 1889 wurde im niederösterreichischen Hainfeld im Rahmen des so genannten „Einigungsparteitages" die „Sozialdemokratische Arbeiterpartei" gegründet, in deren organisatorischer Kontinuität die heutige SPÖ steht, während man sich inhaltlich freilich kaum weiter von der SDAP entfernen hätte können.

Mit der SDAP von 1889 gab es in Österreich erstmals eine revolutionäre Arbeiterpartei, die anhand ihrer Hainfelder „Prinzipienerklärung" auf dem Boden des Marxismus stand. Seit der Revision des Parteiprogramms 1901 befand man sich aber schon in einer Abwärtsspirale: 1914 wurde der imperialistische Weltkrieg euphorisch begrüßt, 1918-1920 wurden die Bourgeoisie und der Kapitalismus vor der proletarischen Revolution gerettet. Mit dem Linzer Programm von 1926 wurden Reformismus und Revisionismus offiziell, der „Austromarxismus" war die Grundlage, um dem aufkommenden Faschismus nichts entgegensetzen zu können. Die SDAP durchlief somit sehr früh ihre Entwicklungsschritte des Sozialchauvinismus und Sozialimperialismus, des Revisionismus und Opportunismus, ja eben sogar der offenen Konterrevolution, die so weit ging, das man 1919 in Wien auf demonstrierende Arbeiter schießen ließ. In den 1920er Jahren war man immerhin bemüht, diese Tatsachen durch eine „radikale" Phraseologie zu kaschieren.

Im Februar 2014 wird sich der Februaraufstand von 1934 zum 80. Mal jähren. Während die Führung der SDAP und des Schutzbundes den Aufstand vom 12. Februar 1934 in aller Deutlichkeit ablehnte und weiter auf Verhandlungen mit und Zugeständnisse gegenüber den Austrofaschisten setzte, griffen die fortgeschrittensten Teile der Basis des Schutzbundes und der Arbeiterklasse gegen den Willen der sozialdemokratischen „Spitzenfunktionäre" zu den Waffen, um die Durchsetzung der faschistischen Diktatur zu verhindern. Sie scheiterten aufgrund der vorangegangenen Kapitulationspolitik der SDAP gegenüber den „christlichsozialen" Faschisten, aufgrund der verheerend falschen Strategie, die die Parteiführung vorgegeben hatte, und mancherorts auch schlichtweg aufgrund des offenen Verrats durch sozialdemokratische Funktionäre. Tausende Schutzbundkämpfer und SDAP-Mitglieder zogen nach der Niederlage die Konsequenzen und traten in die KPÖ ein, die zur wichtigsten Säule des antifaschistischen Kampfes 1934-1945 wurde. Die zwischenzeitlich agierenden „Revolutionären Sozialisten“ hingegen kapitulierten 1938 vor dem NS-Faschismus – Österreichs Anschluss an Deutschland begrüßte die Sozialdemokratie grundsätzlich als historischen Fortschritt, zumal dieser auch im „Linzer Programm“ gefordert wurde. Das Bekenntnis zur deutschen Nation wurde der österreichischen Sozialdemokratie nur zwangsweise – durch die Ereignisse und Ergebnisse des Zweiten Weltkrieges – ausgetrieben.

Die Parteiführung hatte bis 1945 durchaus ihre Lektionen gelernt, allerdings nicht im positiven Sinne: Die nunmehrige SPÖ warf das sozialistische Ziel endgültig über Bord und richtete sich im Kapitalismus ein. Dies geschah auf dem Wege der Packelei mit den ehemaligen Austrofaschisten der nunmehrigen ÖVP, mit der man sich fortan alles brüderlich teilte: die Posten im Staatsapparat und die dazugehörigen finanziellen Mittel, die Medien, die Banken und die Konzerne. Die SPÖ wurde seither zur unmittelbaren Teilhaberin am staatsmonopolistischen Kapitalismus in Österreich, die selbst profitorientierte Interessen hat. Gleichzeitig wurde sie aber auch zu dessen Hauptstütze, denn das System der harmonischen „Sozialpartnerschaft“ mit dem Kapital diente und dient vor allem einem Zweck: der Unterdrückung von Klassenkämpfen, die nun nicht mehr den Interessen der SPÖ-, ÖGB- und AK-Führung entsprachen. Die Niederschlagung des Oktoberstreiks 1950 war ein erster, äußerst schmählicher Ausdruck dieser Tatsache.

Nach einigen positiven sozialen und liberalen Reformen in der Kreisky-Ära, die ideologisch jedoch von einem besonders rabiaten Antisozialismus und Antikommunismus gekennzeichnet war und nebenbei die SPÖ zur Atomlobby machte, gingen die SPÖ-geführten Regierungen der 1980er und 90er Jahre daran, offen neoliberale Konterreformen umzusetzen und somit bereitwillig die Aufgabenstellungen der ÖVP und FPÖ zu übernehmen. Damit wurde die SPÖ selbst – und keineswegs erst Schwarz-Blau/Orange – zur Partei des Sozialabbaus, des Pensionsraubs, der Privatisierungen und des Kaputtsparens des Gesundheits- und Bildungssystems, einer menschenfeindlichen Asyl- und Migrationspolitik sowie des Anschlusses an die imperialistische EU. Gleichzeitig erfolgte die (ohnedies richtigere) Umbenennung von „Sozialistische“ in „Sozialdemokratische

Partei“ sowie die endgültige Entsorgung des Sozialismus – selbst als Lippenbekenntnis – aus dem Parteiprogramm.

Die heutige SPÖ ist charakterlich längst eine kapitalistische und imperialistische Partei, die zwar aus Werbezwecken hin und wieder einen proletarischen Klassenstandpunkt vorgaukelt, real aber natürlich Klassenpolitik für das Kapital macht – und für sich selbst: Als tragende Systempartei steht die SPÖ für den Machterhalt und die Absicherung der Pfründe der politischen „Eliten“, denen sie sich zurechnet. Da gibt es hoch dotierte Posten im Staatsapparat, in den Kammern und Gewerkschaften, in staatlichen, staatsnahen und SPÖ-Betrieben, auch in der „Privatwirtschaft“ gibt es einen „sozialdemokratischen“ Bereich, und im Zweifelsfall schafft auch die Partei selbst einen lukrativen Versorgungsjob. Einige dieser Posten – inklusive jener in der Regierung – haben aber durchaus ihre Bedeutung, da sich der Kapitalismus ja weder politisch noch wirtschaftlich selbst verwaltet. Er benötigt seine formellen Ausschüsse, die entsprechende Subventionen, Geldgeschenke und Steuererleichterungen für Banken und Konzerne, für Reiche und Superreiche umsetzen und auch umgekehrt für finanzielle und materielle Zuwendungen – formell gesetzeskonform oder auch nicht – offen sind. Das „System SPÖ“ als Lobby einer strukturell fast schon mafiösen Arbeiteraristokratie reproduziert sich auf diese Weise ständig selbst – und wird finanziert von den arbeitenden Menschen, über Lohn- und Massensteuern, damit auch ja alle „Spitzenfunktionäre“ das X-fache eines durchschnittlichen Arbeiterlohns einstreifen können. Wer solche „Arbeitervertreter“ hat, braucht sich über Lohndumping, Arbeitslosigkeit, Arbeitszeitverlängerung, Sozial- und Bildungsabbau, über das EU- und EZB-Diktat oder auch über das AMS-Unterdrückungsregime nicht wundern.

Es steckt ein gehöriges Maß an bitterer Ironie darin, dass manche Menschen im Mittelbau und an der Basis der SPÖ immer noch der Illusion anhängen, es wäre in und mit der Partei eine Wende zum Sozialen oder gar zum Sozialistischen möglich. Generationen von aufrechten Sozialdemokraten haben dies versucht und jedes Mal war das Ergebnis das genaue Gegenteil: Immer noch ein weiterer Schritt weg von den unterstellten sozialdemokratischen Prinzipien. Noch eine jede SJ-Generation, die sich radikal und marxistisch gab, wurde – einmal in der Partei angekommen – zum eifrigsten Verfechter kapitalistischer „Realpolitik“. Eine tatsächliche Linksopposition gibt es in der SPÖ nicht, jeder diesbezügliche Versuch ist gescheitert: Letztlich können nämlich nicht nur mit hochdotierten Posten, sondern auch mit immer noch ganz gut dotierten und gewiss wertschätzenden Pöstchen – in Gemeinden, Sektionen, staatlichen Einrichtungen und staatsnahen Unternehmen – alle versorgt werden, auf dass sich auch alle mit dem Status quo arrangieren.

SPÖ-Mitglieder mit Gewissen entschuldigen sich immer mit dem Hinweis, dass sie doch versuchen würden, von unten etwas zu verändern, werden aber in Wirklichkeit nur selbst verändert, und das nicht zum Guten. Nur wenigen gelingt der rechtzeitige Absprung, den die Mehrheit ablehnt, weil es ja keinen Sinn hätte, außerhalb der SPÖ mühsam linke Strukturen aufzubauen. So sehr darin zumindest schlechtes Gewissen mitschwingen mag, so sind daraus zwei Möglichkeiten abzuleiten: Diese Position bedeutet entweder, diese aufrechten Sozialisten würden sich zwar in ein gemachtes Bett legen, sich aber nie dazu herablassen, beim Zimmern des Bettes selbst Hand anzulegen; oder dieser Hinweis, wonach eine Organisierung außerhalb der SPÖ keine Perspektive hätte, soll eben ganz genau dieses Ziel befördern – dass solche Versuche eben tatsächlich schwer möglich bleiben. Und so machen sich diese Leute – sozialdemokratische Traditionalisten, Austromarxisten, Trotzkisten und Leninisten, die es zumindest in den Jugendorganisationen, seltener in der Partei gibt – schlussendlich nur mitschuldig an der Aufrechterhaltung einer arbeiterfeindlichen und asozialen SPÖ. Denn sie sind nichts als Feigenblätter, die ihre verkommene Parteiführung jedes Mal mit den neuesten Schweinereien davonkommen lassen. Weil beim nächsten Mal, so ist man sich ganz sicher, geht es dann wirklich um die Wende. Deshalb läuft man natürlich auch wieder beim nächsten Wahlkampf mit aller Energie mit – und propagiert die ganz, ganz wichtige Wahl irgendeines „linkeren" Hinterbänklers oder „Jugendkandidaten" –, damit auch nach den nächsten Wahlen die Parteiführung abermals ihre gutgläubigen Wähler verarschen kann. Das ist nichts als verschwendete Energie und Zeit, und es ist vor allem ein Beitrag dazu, eine ehrliche linke Organisierungen außerhalb der SPÖ zu verhindern – davon können KPÖ, GLB, SLP, KJÖ, KSV etc. ein Lied singen, und auch der PdA (und für ihre AK-Fraktion KOMintern gilt Ähnliches) ist bewusst, dass sie trotz eines bemerkenswert guten Starts noch vor großen Aufgaben steht. Und der indirekte Beitrag, indem solche Organisationen klein gehalten werden sollen und die SPÖ weitermachen kann wie immer, besteht zudem darin, die Arbeiterschaft massenhaft in die Arme der FPÖ zu treiben. Dies und nichts anderes ist das Resultat des Wirkens von „Linken“ in der SPÖ. Hier besteht nicht nur fortgesetzte Sinnlosigkeit, sondern es entsteht sogar erheblicher Schaden. Die ach so wichtige organisatorische „Einheit“ mit den Betrügern und Verrätern und die bizarre Wagenburgmentalität gegenüber jeglicher Kritik nützen nur dem Machterhalt der Partei- und Gewerkschaftsbonzen.

Der Bruch mit der verkommenen Sozialdemokratie, den Rosa Luxemburg und Karl Liebknecht, Lenin, Antonio Gramsci oder Georgi Dimitroff organisatorisch herbeigeführt haben, hatte vor 95 Jahren schon seine Berechtigung. Heute ist er aber noch viel richtiger. Wer nicht in und mit der SPÖ untergehen will und daran auch noch selbst schuld sein möchte, sollte ihn persönlich ebenfalls vollziehen.

Die Sozialdemokratie als fortschrittliche ideologische Bewegung ist längst tot. Sie ist nicht einmal mehr ein „stinkender Leichnam“, wie es Rosa Luxemburg einst formulierte, sondern sie ist seither bereits zu Staub zerfallen und durch die selbst geschaffene Realität der SPÖ hinweggefegt. Deshalb ist daran auch nichts mehr zu ändern. Wer etwas ändern will, muss zuallererst seine Fesseln lösen, um wieder Handlungsfähigkeit zu erlangen.

Im Internet veröffentlicht auf www.parteiderarbeit.at am 17. Dezember 2013.

Über den Autor:

Tibor Zenker, geboren 1976, Autor und Journalist in Wien; Buchveröffentlichungen: Stamokap heute (2005), Der Imperialismus der EU (2006), Was ist Faschismus? (2006), Österreich 1938 (2008), Der Imperialismus der EU 2 (2010), Faschismus/Antifaschismus (2011), März 1938 (2013), Februar 1934 (2014).